Como ler, entender e redigir um texto

**Dados Internacionais de Catalogação na Publicação (CIP)
(Câmara Brasileira do Livro, SP, Brasil)**

Faulstich, Enilde L. de J.
  Como ler, entender e redigir um texto / Enilde L. de J. Faulstich. 27. ed. – Petrópolis, RJ : Vozes, 2014.

  7ª reimpressão, 2024.

  ISBN 978-85-326-0608-2

  1. Escrita 2. Leitura 3. Português-Gramática
4. Português –Redação 5.Redação técnica 6.Textos I.Título.

07-10362   CDD-469.84

Índices para catálogo sistemático:
1. Leitura e redação : Português : Linguística
   469.84

Enilde L. de J. Faulstich

Como ler, entender e redigir um texto

EDITORA
VOZES

Petrópolis

© 1987, Editora Vozes Ltda.
Rua Frei Luís, 100
25689-900 Petrópolis, RJ
www.vozes.com.br
Brasil

Todos os direitos reservados. Nenhuma parte desta obra poderá ser reproduzida ou transmitida por qualquer forma e/ou quaisquer meios (eletrônico ou mecânico, incluindo fotocópia e gravação) ou arquivada em qualquer sistema ou banco de dados sem permissão escrita da editora.

CONSELHO EDITORIAL

Diretor
Volney J. Berkenbrock

Editores
Aline dos Santos Carneiro
Edrian Josué Pasini
Marilac Loraine Oleniki
Welder Lancieri Marchini

Conselheiros
Elói Dionísio Piva
Francisco Morás
Gilberto Gonçalves Garcia
Ludovico Garmus
Teobaldo Heidemann

Secretário executivo
Leonardo A.R.T. dos Santos

PRODUÇÃO EDITORIAL

Aline L.R. de Barros
Marcelo Telles
Mirela de Oliveira
Otaviano M. Cunha
Rafael de Oliveira
Samuel Rezende
Vanessa Luz
Verônica M. Guedes

Conselho de projetos editoriais
Luísa Ramos M. Lorenzi
Natália França
Priscilla A.F. Alves

Capa: Bruno Margiotta

ISBN 978-85-326-0608-2

Este livro foi composto e impresso pela Editora Vozes Ltda.

Aos colegas da Universidade de Brasília que ministram, entre outros, o curso de Língua portuguesa I, agradeço por terem usado, sob a forma de instrumentos de trabalho, o material aqui exposto, o que me permitiu avaliar a validade dos conceitos.

ESCLARECIMENTO

As ideias expressas neste livro não se fecham em si mesmas. Por isso, o uso de bibliografia adequada e coerente se faz-se obrigatório sempre que se precisar de informação mais detalhada sobre o assunto em estudo. O livro a ser lido vem, por conseguinte, indicado imediatamente após o conteúdo relativo, no corpo do material.

# Sumário

Introdução, 9

PRIMEIRA PARTE
　I. Com a intenção de ler, 13
　　1. A escolha do texto, 13
　　2. Tipos de leitura, 14
　II. Texto e entendimento, 25
　　1. Capacidades cognitivas, de acordo com Bloom, 25
　　2. Plano de texto expositivo, 30
　III. Palavra e vocábulo: unidades essenciais de texto, 34
　　1. Uso de palavra e vocabulário, 41
　　2. Vocabulário e campo lexical, 46
　　3. Sinonímia e hiponímia, 48

4. Estrutura de vocábulo em campo lexical, 50

5. Exatidão e adequação vocabular, 56

IV. Produção do texto: a dissertação, 58

1. O texto expositivo-dissertativo, 61

2. O texto dissertativo-argumentativo, 70

3. Recursos apropriados para a elaboração do texto dissertativo, 83

SEGUNDA PARTE

V. Sintaxe de construção, 99

VI. A vírgula no contexto sintático, 111

VII. Conversando sobre crase, 119

VIII. Temas sugeridos para redação, 126

Bibliografia auxiliar, 137

Introdução

Produzir texto é uma das tarefas mais complexas, tanto para quem pretende ensiná-la como para aquele que, na sala de aula, todos os dias, dispõe-se a aprendê-la. De fato, não existe uma receita infalível para tal, bem como os modelos os quais nos dispomos a demonstrar dependem muito mais da recepção do leitor que de uma cópia *ipsis verbis* do que se diz ou informa.

Neste trabalho, partimos do princípio de que redigir exige requisitos próprios, tais como saber ler e saber entender. Assim sendo, em um primeiro momento, qualquer redator deve motivar-se a partir da leitura de bons textos para, com base no "velho", criar o novo. Ele deve saber que, só depois do entendimento das ideias as quais vai expor, é-lhe possível extrapolar e criar seu texto, segundo um plano pré-elaborado, uma vez que todas as nossas ações corriqueiras são, normalmente, planejadas. A escrita é, pois, um ato corriqueiro. No entanto, a escola a transforma quase sempre em um momento solene: o da hora da aula de redação;

eventualmente esta se transforma em uma punição, do tipo "já que faltou o professor da disciplina X, podemos manter os alunos em sala mandando fazer uma redação". Está certo isso? – pergunta-se.

Redigir é dizer a outrem o que se pensa. Ao conversar, está-se como que redigindo oralmente; ao escrever uma carta, de qualquer natureza, está-se redigindo; ao resolver um problema de matemática, de física, de biologia, está-se redigindo; ao escrever uma história, uma descrição de cena ou de objeto e ao defender um ponto de vista, está-se redigindo. Convém observar, todavia, que cada uma das situações enumeradas anteriormente exige uma forma de texto e, assim, cada texto terá a silhueta devida.

Em *Como ler, entender e redigir um texto*, propomo-nos a informar nosso leitor de como ler texto técnico, entender as ideias do texto, extrapolá-las e redigir com segurança. Redigir pode ser arte, mas requer, antes de tudo, técnica. Sobre o assunto, a bibliografia em língua portuguesa é bastante numerosa; apesar disso, arvoramo-nos a escrever este, em que se defende o ponto de vista de que, para chegar-se ao produto redação, deve-se conhecer passo a passo o processo que lhe antecede, sem o medo daquilo que nunca foi "bicho" e muito menos "papão": a redação.

Primeira Parte

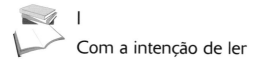
I
Com a intenção de ler

1. A escolha do texto

Leitura pressupõe busca de informação. Por isso é importante escolher bem o texto para ler. Para que o leitor se informe é necessário que haja entendimento daquilo que ele lê. Há textos cujo assunto é inteiramente inteligível ao leitor, como os de jornais, revistas não especializadas etc. Há outros, porém, que a pessoa tenta ler, já sabendo, a princípio, que não entende completamente seu conteúdo. Neste último caso o leitor deve estar predisposto a superar essa dificuldade.

A desigualdade de entendimento se manifesta principalmente quando se tem de "mergulhar" numa leitura criteriosa de texto técnico. Ocorre que ou se lê um texto dessa natureza como se estivesse lendo um periódico distrativamente, ou se tenta ler visando a um entendimento, sem saber, muitas vezes, como proceder para não perder tempo, sem saber a que cânones obedecer.

2. Tipos de leitura

A intenção de ler bem o texto técnico conduz o leitor a dois tipos de leitura:

2.1. *Leitura informativa*

Ao se fazer leitura informativa buscam-se respostas a questões específicas. Para obtê-las deve-se:

2.1.1. Fazer leitura seletiva

Esse tipo se efetiva no momento em que o leitor sabe escolher as ideias pertinentes que complementem o ponto de vista do autor. Para isso é preciso:

2.1.1.1. Identificar, dentro de cada parágrafo, a palavra-chave, pois é em torno dela que o autor normalmente desenvolve a ideia principal. A palavra-chave se situa na sentença-tópico, que, quase sempre, é a primeira frase do parágrafo, como, por exemplo:

O reflorestamento tornou-se uma atividade em expansão no país, servida por pesquisas minuciosas e alta tecnologia. Duas empresas paulistas exemplificam bem até que ponto chegou o desenvolvimento no setor. Uma delas exporta, para 40 países, cerca de 15 milhões de dólares anuais de chapas, portas e divisórias. A outra, 20 milhões de dólares em chapas e fibra prensada para os Estados Unidos e a Europa. O faturamento bruto das indústrias que utilizam madeira (predominantemente oriunda de reflorestamentos) como matéria-prima chegou a um terço do faturamento bruto da indústria automobilística. Apenas uma empresa mineira plantou, até 1979, 250 milhões de eucaliptos[1].

Neste parágrafo, a palavra-chave é reflorestamento, porque é ela que constitui o núcleo da ideia do autor e serve de base para que se derive um grupo vocabular no qual todas as outras unidades estejam em relação de inclusão com ela:

Reflorestamento funciona como núcleo do sujeito da sentença-tópico, que é:

As outras unidades vocabulares, de acordo com o sentido que possuem no texto, convergem para reflo-

---

1. DESED 70. Banco do Brasil S.A., mai/jun 1980.

restamento, formando, assim, um conjunto vocabular que, esquematicamente, sintetiza as ideias ali expostas. Para melhor compreender as noções de sentença-tópico, leia GARCIA, Othon M. *Comunicação em prosa moderna*. Rio de Janeiro, FGV, 1980, terceira parte, cap. I.

2.1.1.2. Selecionar, uma vez identificada a palavra-chave principal do parágrafo, as palavras-chave secundárias, que são as que estruturam as frases que fundamentam a sentença-tópico e desenvolvem o parágrafo, como no exemplo seguinte:

Um livro é um artefato físico produzido apenas numa sociedade civilizada. As implicações dessa afirmação incluem muitos aspectos históricos. Antes que um autor possa escrever, precisa possuir linguagem e um sistema gráfico para registrá-lo. Nenhuma dessas coisas é invenção sua. Ambas, como já notamos, não passam de convenções arbitrárias da cultura; ambas chegaram às suas formas como resultado de uma longa evolução. Do mesmo modo, a forma do livro através das épocas e os vários métodos de sua fabricação são problemas históricos básicos para a ciência da biblioteconomia. Aqui devem considerar-se não apenas os materiais físicos que foram usados para a recepção dos registros gráficos, mas seus reflexos sobre a utilidade funcional. Tijolos de barro, peles curtidas e papiro, cada um apresenta uma diferente combinação de economia, facilidade de transporte e durabilidade. A lousa, o rolo e o códex divergem muito em suas facilidades de fornecer referências. O crescimento dos aspectos auxiliares do leitor, como lombada da capa, página título, índice de conteúdo, paginação e índice alfabético resultam de um longo processo evolutivo[2].

Neste parágrafo, a palavra-chave principal é livro e as palavras-chave secundárias são: autor, escrever, linguagem, sistema gráfico (continue:).

Observe-se que a escolha vocabular não se faz aleatoriamente, mas justificada por uma seleção vocabular que dá apoio à ideia principal do autor. Para melhor compreensão desse assunto leia GARCIA, Othon M., op. cit., segunda parte, cap. III. Um parágrafo que apresente esta unidade, esta coerência, diz-se ser um parágrafo didático, com sentença-tópico e desenvolvimento. Para melhor compreensão desse assunto leia GARCIA, Othon M., op. cit., terceira parte, cap. II.

2.1.1.3. Selecionar, na sequência do texto, as sentenças-tópico que constituem, de fato, base de informação de cada parágrafo e que, depois de escolhidas, sublinhadas ou destacadas, formam o resumo do texto:

---

2. BUTLER, P. *Introdução à ciência da biblioteconomia*. Rio de Janeiro, Lidador, 1971, p. 59-60.

PSICÓLOGA NÃO VÊ RELAÇÃO ENTRE A VIOLÊNCIA E A TV

Pesquisa da Faculdade de medicina de Juiz de Fora revelou que não se pode relacionar, como é feito, a televisão e o rádio com a violência. Segundo alguns, estes dois meios de comunicação seriam propagadores e incentivadores da violência. De acordo com a pesquisa, elaborada junto a menores da Febem daquela cidade mineira, 68% dos delinquentes juvenis nunca haviam assistido a um programa seja de rádio, seja de televisão – afirmou Goldberg, especialista em pesquisas junto à infância e adolescência.

A gênese da violência urbana, de acordo com o cientista, localiza-se entre as diferenças que caracterizam o meio rural e o urbano. "Frequentemente, ocorre um choque nos hábitos dos migrantes no seu contato com a cidade. Mudam-se as suas referências culturais e o seu comportamento. O choque é, também, recíproco. O habitante da cidade se sente ameaçado, compelido a competir mais onde a concorrência já é acirrada, gerando medo, insatisfação e frustração", diz o psicólogo.

A desinformação cultural é a grande responsável pela explosão de violência nas cidades, segundo Goldberg. "A sociedade moderna exige do habitante da metrópole alta dose de informação – desconhecida do migrante. Este passa a buscá-la, mas a sociedade não permite um acesso fácil a ela. Isto gera frustração, num primeiro momento que, acumulado, redunda na revolta", argumenta o pesquisador.

Em seu entender, a problemática da violência e da desinformação decorrem da estrutura do ensino brasileiro. De acordo com dados de uma pesquisa que efetuou em Juiz de Fora, 75% dos estudantes primários que completavam um ano de estudo no grupo central da cidade não tinham condições sequer de escrever o próprio nome[3].

Diga onde começa e onde termina a sentença-tópico de cada parágrafo:

1º § – vai de   até
2º § – vai de   até
3º § – vai de   até
4º § – vai de   até

Este texto pode, portanto, ser resumido assim:

Para melhor compreensão do resumo leia SALOMON, Délcio V. *Como fazer uma monografia.* Belo Horizonte, Interlivros, 1978, primeira parte, cap. III.

2.1.2. Fazer leitura crítica

A leitura crítica exige do leitor uma visão abrangente em torno do assunto que está sendo focalizado. É necessário, pois, que se faça uma pré-leitura do material a ser analisado para, então, estabelecer-se diferença entre a sucessão das ideias principais, contidas nas sentenças-tópico.

---

3. GOLDBERG. Em *O Globo*, 07/05/1980.

Ler criticamente significa reconhecer a pertinência dos conteúdos apresentados, tendo como base o ponto de vista do autor e a relação entre este e as sentenças-tópico. Essa pertinência é que permite estabelecer-se uma hierarquia entre a ideia mais abrangente e as que a subsidiam.

O texto seguinte não apresenta divisão paragráfica, contudo verifica-se que a unidade formal que ele apresenta não corresponde à unidade de um parágrafo didático, já que há uma série de ideias acumuladas em um único bloco, que devem ser reestruturadas, tanto pela densidade de informação, quanto pela hierarquia em que devem ser apresentadas.

Aleijadinho (Antônio Francisco Lisboa, dito O), escultor e arquiteto brasileiro (Ouro Preto, MG, c. 1730 id. 1814). Filho natural do mestre de obras português Manuel Francisco Lisboa, então considerado o primeiro arquiteto da província. Formação artística e técnica no canteiro das obras do pai; aprendizado com o abridor de cunhos João Gomes Batista e provavelmente com José Coelho de Noronha, que se distinguia nas obras de escultura e talha em igrejas mineiras. Na madureza, começou a sofrer de uma enfermidade que, aos poucos, o foi inutilizando e deformando, e cuja natureza é ainda objeto de controvérsias entre os especialistas, havendo quem diga tratar-se de tromboangeíte obliterante (ulceração gangrenosa das mãos e dos pés). Tendo perdido os artelhos, o Aleijadinho passou a ser carregado, só conseguindo andar de joelhos com dispositivos de couro confeccionados sob sua orientação; com os dedos das mãos perdidos, uns, e quase sem movimento, os outros, mandava que lhe amarrassem diariamente às mãos o martelo e o cinzel, para poder esculpir. Em 1800, firmou Antônio Francisco Lisboa o contrato para a execução de *Os doze profetas* do adro da igreja de Bom Jesus de Matosinhos, depois de haver realizado em cedro as sessenta e seis figuras que compõem os *Passos da Via Crucis*, no mesmo Santuário, mais tarde encarnadas pelos pintores Manuel da Costa Ataíde e Francisco Xavier Carneiro (essas figuras estiveram até 1957 sob grosseiras pinturas adicionais, sendo então reconstituídas nas cores originais pelo Serviço do Patrimônio Histórico e Artístico Nacional). A obra de Aleijadinho pode ser dividida em duas fases, antes e depois de atacá-lo a terrível doença: na fase sã, a deformação das imagens é de caráter plástico, predominando em suas composições o equilíbrio, serenidade e magistral clareza, ao passo que, na segunda fase (Congonhas), as deformações e toda a obra assumem um caráter expressionista. Consta que, nessa última fase, Antônio Francisco Lisboa segregou-se da sociedade, mantendo-se em contato com apenas dois escravos e ajudantes; só andava na rua altas horas da noite ou da madrugada, montado a cavalo, coberto com ampla capa e chapéu desabado. Durante o trabalho, fazia-se ocultar por uma tenda, não permitindo a aproximação de estranhos. Morreu isolado e quase esquecido, conquanto os contemporâneos lhe pressentissem talvez os dotes geniais e a capacidade criadora. No dizer de Manuel Bandeira, "o diminutivo de Aleijadinho é significativo de pura compaixão e meiguice brasileira. O homem a que ele se aplicou nada tinha de fraco nem pequeno: era, em sua deformidade, formidável. [...] Toda a sua obra de arquiteto e escultor é de uma saúde, de uma robustez, de uma dignidade a que não atingiu entre nós nenhum outro artista plástico". A partir de 1812, Antônio Francisco ficou impossibilitado de trabalhar, passando seus dois últimos anos de vida entrevado e cego, sobre um pequeno estrado na casa de sua nora. Depois de sua morte, Aleijadinho foi esquecido por mais de quarenta anos, até que Rodrigo Bretas lhe escrevesse a biografia, publicada em 1858, voltando a ser louvado somente após o movimento de afirmação dos valores nacionais provocado pela Semana de Arte Moderna (1922). Sua obra, sempre caracterizada por inspiração dinâmica e barroca, é extensa. [...][4]

Conforme já se disse anteriormente, este texto não apresenta divisão paragráfica. Proceda à divisão do texto em parágrafos, tomando por base uma sentença-tópico que norteará cada bloco de ideias em que se venha a dividir o texto. Para tal, convém ter em mente que saber diferençar as ideias entre si é fundamental.

Diferenciar as ideias significa hierarquizar os assuntos pela ordem de importância, analisar as ligações que os unem e ordenar os fatos ou as ações ao longo de um raciocínio.

---

4. *Grande enciclopédia Delta Larousse* verbete "Aleijadinho". Rio de Janeiro, Delta, 1970.

Para diferenciarem-se as ideias é preciso que se conheçam as seguintes etapas:

a) primeiro, distinguem-se as ideias principais das secundárias, depois diferenciam-se as ideias secundárias entre si; finalmente, classificam-se os pormenores que servem de apoio às ideias secundárias;

b) analisam-se as ligações que unem duas ideias sucessivas, distinguindo as ideias paralelas, as opostas, as coordenadas e as subordinadas entre si;

c) ordena-se a sequência das ideias, observando-se o mecanismo lógico a fim de perceber os mecanismos sutis do pensamento do autor.

Discuta com seu grupo os itens anteriormente enunciados, tomando como base o texto "Aleijadinho" e, em seguida, proceda aos exercícios.

a) O texto pode ser dividido da seguinte maneira:

1º § – de   até

2º § – de   até

continue:

b) Dê coerência ao texto, escrevendo a ordem lógica em que cada parágrafo deve ocorrer:

1º § – deve ser o que vai de   até

2º § – deve ser o que vai de   até

continue:

c) Escolha dois parágrafos, considere-os como se fossem pequenos textos e dê um título a cada um. Lembre-se de que um título expressivo induz à leitura do texto (*Obs.*: Antes, leia alguma bibliografia sobre a técnica de criar títulos).

2.2. Leitura interpretativa

A leitura interpretativa requer total domínio da leitura informativa. Para que se faça leitura interpretativa é necessário que se reconheçam determinadas capacidades de conhecimento. Este assunto será estudado a seguir.

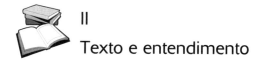

II
Texto e entendimento

"Bem, uma vez cumpridas as etapas fundamentais para que se faça leitura informativa coerentemente, deve-se passar à fase seguinte que é a de entendimento do texto. Para isso, serão estudadas as capacidades cognitivas, propostas por Benjamin Bloom et al. Se bem apreendidas essas capacidades, o leitor ficará apto a entender-interpretar textos e, mais ainda, a redigir com maior segurança.

Entender um texto é compreender claramente as ideias expressas pelo autor para, então, interpretar e extrapolar essas ideias. Nesse momento o leitor deve ajustar as informações contidas no contexto em análise às que ele possui em seu arquivo de conhecimentos.

1. Capacidades cognitivas, de acordo com Bloom:[5]

1.1. Compreensão – é a capacidade de entender a mensagem literal contida em uma comunicação. Em um

---

5. BLOOM, S.B. et al. *Taxionomia dos objetivos educacionais*. Porto Alegre: Globo, 1973, p. 55-165. As noções teóricas de BLOOM foram adaptadas pela autora deste livro.

primeiro momento deve o leitor ater-se ao ponto de vista do autor, à tese que o autor defende no texto.

1.2. Análise – é a capacidade de desdobrar o material em suas partes constitutivas, percebendo-se suas inter-relações e os modos de organização. É a capacidade de decompor um todo em suas partes, partindo das sentenças-tópico dos parágrafos e suas relações com o texto.

1.3. Síntese – é a capacidade de colocar em ordem os pensamentos essenciais do autor, utilizando-se das sentenças-tópico dos parágrafos, que são as que normalmente sintetizam as ideias do texto. A síntese manifesta-se pela reconstituição do todo, decomposto pela análise, eliminando-se o que é secundário e acessório e fixando-se no essencial. Nesse momento atinge-se o ideal de relacionar e ordenar as ideias, sem a preocupação de seguir rigorosamente a sequência que elas possuem no texto original, mas com a de que em torno do ponto de vista do autor gravitem todas as outras ideias importantes.

1.4. Avaliação – é a capacidade de emitir um juízo de valor e de verdade a respeito das ideias essenciais de um texto. Manifesta-se por meio de julgamento, de crítica às relações lógicas evidenciadas no texto e sua possível aplicação científica.

1.5. Aplicação – é a capacidade de resolver situações semelhantes à situação explicitada no texto. Manifesta-se pela habilidade de, ao associarem-se assuntos paralelos, utilizar-se de princípios apreendidos num contexto em contextos semelhantes; é a capacidade que nos garante ter entendido o assunto e nos permite projetar novas ideias a partir dos conhecimentos adquiridos, por meio da criatividade a qual se manifesta pela elaboração de um plano e, em seguida, pela redação de um tema.

Depois de bem assimiladas estas capacidades cognitivas, o leitor estará apto a interpretar e extrapolar, cientificamente, as ideias de um texto.

Treine: interprete o texto seguinte, de acordo com as capacidades cognitivas.

Francês defende pureza da língua com processo contra o "franglais"

Os puristas chamam de poluição do idioma. Os empresários, simplesmente, de estratégia de marketing. Para a lei, é ilegal em alguns setores. Mas, para a maioria dos franceses, trata-se de franglais – o uso e o abuso do inglês, especialmente na área comercial.

Os defensores da língua francesa, dispostos a conter a invasão anglo-saxã a seu vocabulário, têm levado empresas aos tribunais por utilizarem palavras inglesas. No mês passado, a

Associação Geral dos que utilizam a língua francesa (Agulf) acusou uma cadeia de lanchonetes de iludir os consumidores, ao introduzir, no cardápio, itens como fingfish, big cheese e coffee drink.

O Tribunal de Paris aceitou a denúncia, com base na lei de 1975 que determina que todos os produtos devem ser rotulados e anunciados em francês. A empresa, a Prance-Quick, foi condenada a pagar multa equivalente a Cz$ 400 mil. A sentença foi a última vitória da Agulf, um grupo de vigilância, apoiado pelo Governo, formado por políticos, intelectuais e consumidores, que fiscaliza empresas nacionais e estrangeiras.

– Alguém que compre um big cheese, possivelmente não saberá o que isto contém. E nossos advogados comprovaram que o coffee drink não passa do simples café, só que mais fraco do que o que costumamos beber na França – disse Micheline Paure, porta-voz da Agulf. A associação já ganhou 30 causas nos tribunais.

Empresas estrangeiras que exportam seus produtos para a França têm sido pressionadas por não apresentarem traduções dos textos de suas bulas, manuais e embalagens. O movimento contra a invasão do franglais sempre teve o apoio do governo francês e a Agulf é subsidiada pelo Escritório do Primeiro-ministro Pierre Mauroy.

No ano passado, o ministério das comunicações proibiu 127 expressões de origem inglesa, usadas, principalmente, em emissoras de rádio, televisão, cinema e agências de publicidade. Oficialmente, não se diz mais close-up, mas gros plan, e cameramen são les cadreurs. Mas, no dia a dia, o franglais ainda é bastante empregado.

Os empresários falam muito de le cash flow ou le hot money. As pessoas viajam de le jet, enquanto uma caminhada é le footing. Os esportistas fazem le jogging ou le stret-ching (ginástica).

Muitas comissões de linguistas têm sido formadas para criar expressões francesas que equivalham às inglesas, embora ainda não se tenha conseguido substituir le weekend por fim de semana [...].

Micheline Faure diz que, em todos os casos, as multas foram mínimas e que a organização está mais interessada na defesa de seus princípios do que em lucros financeiros. Segundo ela, o importante é fazer com que as pessoas saibam que a lei existe, observando que nenhuma multa foi aplicada antes da criação da Agulf, em 1977.

– Nosso objetivo é evitar a poluição do idioma francês, apenas por modismo ou por um gosto esnobe por palavras que não pertencem a nenhuma cultura em particular – disse ela[6].

Interprete o texto, respondendo aos seguintes itens:

a) compreensão: Que tese é defendida no texto?

b) análise: Quais as partes constitutivas do texto?

c) síntese: Qual a síntese ideal deste texto?

---

6. FUKUDA, Eiko. Em *Jornal do Brasil*, 01/04/1984.

d) avaliação:	As ideias essenciais do texto merecem crítica? Positiva? Negativa?
e) aplicação:	Em que outro(s) contexto(s) podem ser aplicadas as ideias essenciais do texto?

Elabore um plano que lhe permita defender com mais segurança as suas ideias. Com base no plano elaborado escreva uma redação. Para melhor elaborar o plano leia GARCIA, Othon M., op. cit., sétima parte, cap. III.

2. Plano de texto expositivo

Ao concluir, parcialmente, os estudos sobre leitura e entendimento de textos, apresentamos um plano-roteiro que lhe servirá de ponto de partida para uma redação. Para escrever a redação com consistência leia o texto que serviu de base para este roteiro: REIS FILHO, Nestor G. *Quadros da arquitetura no Brasil*, p. 87-96.

Tema:

Como se situa a arquitetura brasileira dentro do vertiginoso avanço técnico, econômico e social pelo qual passa nosso país?

1º § – *sentença-tópico:*

Acompanhando o período de intensa industrialização pelo qual passava o nosso país, a partir da Segunda Guerra Mundial, surge o movimento contemporâneo da nossa arquitetura, que aproveita o momento e os recursos oferecidos pelas circunstâncias para a sua expansão.

ideia secundária:

Esse movimento vai acompanhar as crescentes transformações econômicas, sociais e culturais do nosso país.

ideia secundária:

Todos os problemas ligados ao campo da arquitetura e urbanismo são corajosamente enfrentados por nossos arquitetos.

2º § – sentença-tópico:

O projeto de Brasília mostra claramente essa evolução e o uso de inovação em nossa arquitetura.

ideia secundária:

Já se nota o aproveitamento racional dos terrenos, com distribuição sistemática dos lotes.

3º § – sentença-tópico:

O concreto aparece como uma solução eficiente, conhecida no meio arquitetônico por brutalista.

ideia secundária:

Aliado ao uso do concreto, desenvolve-se o paisagismo.

ideia secundária:

Em residências particulares há inovações em matéria de conciliação de paisagismo e concreto.

4º § – *sentença-tópico:*

Os sistemas de cobertura passam por mudanças consideráveis.

ideia secundária:

A tendência agora é geometrização dos volumes, ao estilo cubista.

5º § – *sentença-tópico:*

Uma inovação interessante é a distribuição e composição das residências em atenção ao bem-estar da família.

ideia-secundária:

Surge interpenetração de espaços.

6º § – *sentença-tópico:*

No plano urbanístico surgem novas alternativas, com uma distribuição inovadora das vias públicas.

ideia secundária:

Buscam-se alternativas funcionais: viadutos, passagens subterrâneas.

ideia secundária:

O sistema de circulação e o acesso aos conjuntos residenciais se apresentam diferentes, contrastando com outras cidades brasileiras.

7º § – *conclusão:*

Esse é um quadro bem representativo da evolução da nossa arquitetura nos últimos anos, quando, então, passaram a vigorar os princípios de renovação e criatividade. Brasília – vista como um todo – é um elemento-modelo desta evolução, que também aparece em outras cidades brasileiras, mas em menor escala, pois nelas ainda existem elementos fixos representativos dos velhos padrões que não podem ser eliminados.

(Adaptado da dissertação de
O. Barreto, aluno de LgPl em 01/1979)

III
Palavra e vocábulo: unidades essenciais de texto

Catar feijão

Catar feijão se limita com escrever: joga-se os grãos na água do alguidar e as palavras na da folha de papel; e depois, joga-se fora o que boiar. Certo, toda palavra boiará no papel, água congelada, por chumbo seu verbo: pois para catar esse feijão, soprar nele, e jogar fora o leve e oco, palha e eco

Ora, nesse catar feijão entra um risco: o de que entre os grãos pesados entre um grão qualquer, pedra ou indigesto, um grão imastigável, de quebrar dente. Certo não, quando ao catar palavras: a pedra dá à frase seu grão mais vivo: obstrui a leitura fluviante, flutual, açula a atenção, isca-a com o risco[7].

---

7. MELLO NETO, João Cabral. Em: NUNES, Benedito. *Poetas modernos no Brasil* 1/1. Petrópolis: Vozes, 1971.

João Cabral aproxima, nesta poesia, o ato de escrever do ato de catar feijão. Essa proximidade pode ser representada por dois círculos superpostos de tal maneira, que a área de um não cubra inteiramente a área do outro[8].

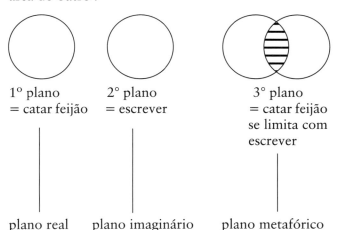

1º plano
= catar feijão

2º plano
= escrever

3º plano
= catar feijão
se limita com
escrever

plano real   plano imaginário   plano metafórico

O primeiro círculo representa a coisa a ser definida; o segundo representa o plano imaginário ou poético, isto é, a ideia que estabelece semelhança com a primeira. Na terceira representação, a zona riscada, que

---

8. Segundo GARCIA, Othon M. (*Comunicação em prosa moderna*. Rio de Janeiro: FGV, 1980, p. 79) a figuração em círculos inspira-se nos "filtros duplos" imaginados por BÜHLER, K.

mostra a superposição de partes dos círculos, relaciona pontos de semelhança ou de proximidade entre os dois primeiros planos. Podemos, portanto, dizer que há uma relação metafórica entre catar feijão e escrever.

Metáfora é a figura literária que consiste em identificar semelhanças por meio de um ou mais elementos que os seres têm em comum.

Assim, o processo da escrita é todo metaforizado na poesia de João Cabral. Para ampliar os seus conhecimentos sobre o assunto leia GARCIA, Othon M., op. cit., primeira parte, cap. I.

Observe os dois últimos versos da primeira estrofe: "pois para catar esse feijão, soprar nele, e jogar fora o leve e oco palha e eco".

As palavras leve, oco, palha e eco podem ser assim interpretadas:

• *leve* – o que é supérfluo;

• *oco* – o que apodreceu, esvaziou-se; em sentido aproximado, oca seria aquela palavra vazia de significado, isto é, "palavras-que-não-significam-nada-porque-significam-tudo"[9];

---

9. O conceito "palavras-que-não-significam-nada-porque-significam-tudo" é de NUNES, Amaro V. & LEITE, Roberto A.S. *Comunicação e expressão em língua nacional.* S. Paulo: Cia. Ed. Nacional, 1975, p. 237.

- *palha* – o que sobra, o que é desnecessário (como a palha de determinados cereais), a palavra mal colocada;
- *eco* – o que é repetido muitas vezes, a pobreza vocabular.

Leia agora a segunda estrofe do poema e procure interpretá-la, observando a linha de aproximação entre escrever e catar feijão.

Observe que Mattoso Camara[10] diz o mesmo que João Cabral, apenas de outro modo:

a) a apresentação visual agrava certos defeitos de formulação, e muitas incorreções, que passariam despercebidas no correr da fala, ganham relevo e "saltam aos olhos" no papel;

b) a frase, sem a ajuda do ambiente, da entonação, da mímica, tem de ser mais logicamente construída e concatenada;

c) pelo mesmo motivo, as palavras têm que ser mais cuidadosamente escolhidas, e impõe-se a questão da propriedade dos termos, de maneira aguda;

---

10. CAMARA JR., Joaquim Mattoso. *Manual de expressão oral e escrita.* Petrópolis: Vozes, 1977, p. 57-58.

d) uma palavra muito repetida ou redundante torna-se particularmente afrontosa no processo da leitura;

e) certos termos e expressões, tidos como familiares e pouco literários, raramente se apresentam toleráveis na exposição escrita;

f) a pontuação precisa ser cuidadosamente observada.

O texto abaixo exemplifica o eco vocabular:

Lei

Este churrasquinho no espeto está legal. Fiz um samba legal. O discurso do prefeito foi legal. Praia legal. Gol legal. Aquela coroa foi muito legal comigo. Tivemos uma briga legal. Amanhã, às 11, na Montenegro? legal.

Parece que nunca houve tanta legalidade neste país[11].

Eis um discurso "ilegal", propositalmente criado por Drummond. A palavra fica tão gasta porque é usada com tantas intenções e significações diferentes, que as pessoas terminam não sabendo direito o que ela quer dizer. Empregar sempre e em qualquer contexto as mesmas palavras é pobreza vocabular, prejuízo cer-

---

11. ANDRADE, Carlos Drummond de. Em *Jornal do Brasil*, 05/12/1972.

to para a comunicação. Qual o significado de legal, em cada uma das ocorrências do texto?

No exercício seguinte você vai ser obrigado a evitar essas "palavras vazias" (ou esvaziadas pelo uso) que servem para tudo.

Relacionamos algumas palavras em que o adjetivo se põe insistentemente repetido. Você vai substituí-lo por outros adjetivos mais expressivos, menos gastos, que comuniquem melhor a ideia.

Utilize-se do repertório apresentado para substituir cada palavra vazia. Em seguida justifique o uso do adjetivo que escolheu redigindo uma frase, assim você enriquecerá seu vocabulário[12].

Use o dicionário para fazer os exercícios

Importante repertório: decisivo/ponderado/categórico/respeitável/sigiloso/famoso/relevante/impresindível/engenhoso.

a) Opinião importante.
   Opinião

b) Pessoa importante.
   Pessoa

---

12. O exercício de "palavras vazias" encontra-se em NUNES Amaro V. & LEITE, Roberto A.S., op. cit., p. 237-238.

c) Documento importante.

Documento

d) Jogo importante.

Jogo

Como se observa, uma unidade vocabular pode possuir, na língua, vários sentidos. A essa variedade de significações chama-se polissemia.

Leia o trecho ilustrativo e assinale as unidades polissêmicas.

Minha vizinha sueca anda em apuros com a nossa língua. Mal aprendeu que "manga" é uma parte do paletó, e lá veio o menino do balaio oferecer "manga" espada! E a vizinha nem chegou a guardar que o nosso parente oficial foi receber justamente a "espada" que nada tem a ver com a "manga". A aflição da estrangeira tem-me feito pensar que está tudo de cabeça para baixo nos arraiais do vocabulário. Misturam-se as coisas com os animais, atrapalham-se os significados, é uma anarquia sem desordem, uma perfeita arrumação sem a menor lógica!

As pessoas marcam encontro na boca da noite. E a noite tem alguma boca? A alma não se separa do corpo, mas basta a pessoa se cansar, para pôr a alma pela boca. E uma pessoa, por menor que seja, pode muito bem pôr a boca no mundo. Depois, um bate-boca pode dar-se sem o menor contato de uma boca com a outra. E não machuca nenhum dos dois[13].

---

13. ROCHA, Antônio A. Em *Estado de Minas*, 03/06/1972.

Para melhor entendimento de polissemia leia GAR-CIA, Othon M., op. cit., segunda parte, cap. I.

1. Uso de palavra e vocabulário

A fim de que a unidade vocabular seja empregada adequadamente em uma exposição escrita ou oral, é necessário que se conheça o valor semântico que cada uma possui. Para isso, o conhecimento do vocabulário é fundamental.

Vocabulário é o conjunto de vocábulos, empregados em um texto, caracterizadores de uma atividade, de uma técnica, de uma pessoa etc. De acordo com a terminologia linguística, vocabulário é uma lista de ocorrências que figuram em um *corpus*.

Um *corpus* se constitui de um conjunto de enunciados (frases, parágrafos, textos) cujas palavras apresentam este ou aquele traço que interessa à análise em questão.

O termo vocabulário justifica-se plenamente em estudos sobre *corpus* especializado: vocabulário do futebol, vocabulário da economia, vocabulário da pesca.

A unidade de vocabulário é o vocábulo que não deve ser confundido com palavra.

Vocábulo é unidade de língua efetivamente empregada em um ato de comunicação; representa uma unidade particular, com significado, usada na linguagem falada ou escrita. Unidade aqui não tem sentido de um numérico, mas de um semântico: em Setor Habitacional Individual Sul há quatro palavras, mas um vocábulo semanticamente integrado e qualquer comutação alterará seu significado.

Palavra é uma sequência de um ou mais fonemas suscetível de uma transcrição escrita, compreendida entre dois espaços em branco; representa então toda unidade emitida na linguagem falada ou escrita.

Dintingue-se um texto de economia de um de medicina não só pelas palavras empregadas, mas pelos vocábulos, já que cada um possui vocabulário específico da área a que pertence.

Em um texto, por exemplo, podemos contar 1.500 palavras e, entre estas, 1.200 serem vocábulos. Pode-se afirmar que há, na língua portuguesa, dez classes de palavras, e, entre estas, funcionam como vocábulos os substantivos, os adjetivos, os verbos e os advérbios terminados em *-mente*.

Leia o texto seguinte e faça o levantamento dos vocábulos caracterizadores de atividade.

Os "peladeiros" de domingo
O juiz é o grito, o uniforme um calção, a linguagem é sem censura e só não vale gol com a mão.

Para jogar, é só querer e aguentar, como dizem os peladeiros, palavra não dicionarizada que qualifica os "habituées" do jogo.

É essa espontaneidade que faz da pelada uma das formas mais autênticas de lazer, principalmente nos domingos. Assim é que no desenrolar da pelada "dar um ovo na cara" ou "estar debaixo da saia do cara" é comum e não leva ninguém à agressão. Para a especialista em animação sociocultural Tânia Barros Maciel, essa autenticidade pode ser sentida na simples observação de expressão corporal de um jogador de peladas. Diz ela que, na pelada, o espírito lúcido prevalece sobre a competição.

Esse clima de camaradagem pode ser observado também nos apelidos dados a alguns jogadores. Luís Cláudio Alves, por exemplo, recebeu o apelido de Cerezo, por ser muito desengonçado. Marcos Pereira Dias só é chamado de Belezinha porque está sempre ajeitando os cabelos. Apelido notório é o de Ubaldo Soares, jogador mais velho da pelada dos coroas. Conhecido como Niterói, há quem diga que o apelido deve-se às várias pontes que ele tem na boca e, apesar das suas negativas, seu companheiro de jogo Mário M. Valente afirma veementemente que ele perdeu a dentadura na areia.

Mais sofisticado do que as peladas comuns, é o jogo dos coroas, assim chamado porque 70 por cento dos jogadores está acima dos 35 anos. Tanto nas peladas comuns quanto nas dos coroas, o "banho de cuia" exige certa habilidade do jogador, que, muitas vezes, deixa o adversário apenas boquiaberto.

A falta de espaço para o bate-bola é um dos problemas enfrentados pelos amantes de peladas. Para os que moram na Zona Sul, ao final da tarde, a praia transforma-se em campo, mas para os moradores da Zona Norte e subúrbios a opção está nos campos rala-cocos (esburacados), improvisados em terrenos baldios ou pirambeiros, que nem sempre permitem que um gol fique linearmente de frente ao outro.

Mas para os peladeiros que têm "fome de bola" nada disso impede o jogo. O campo pode ter poças de lama e a bola estar furada, mas se dá para correr e a redonda aguenta o tranco, "tamos aí", como dizem os mais versados em peladas.

As brigas corpo a corpo não são frequentes e o espírito de conciliação sempre predomina na pelada, mesmo que o peladeiro seja envolvido por um "lençol" ou arme uma "cama de gato".

Como a pelada caracteriza-se pelo espírito democrático da brincadeira, aquele que está disposto a "brincar com a moçada da praia" deverá ir também com disposição para "engolir um frango", aplaudir uma "jogada de letra" ou "de charles" e vibrar com uma "bicicleta", seja ela realizada por peladeiro de um time ou de outro[14].

Faça os exercícios pedidos:

a) Os vocábulos caracterizadores da atividade, no texto, são:

---

14. FAULSTICH, Enilde L. de J. Adaptado de *O Globo*, 15/02/1981.

b) Por meio dos vocábulos sabe-se que o texto retrata uma atividade. Qual é?

Os vocábulos destacados nos remetem a um tipo de atividade – um jogo. Muitas vezes o vocábulo adquire o significado no contexto por meio da metáfora, como "engolir um frango".

Releia o texto e destaque agora somente os vocábulos que caracterizam as pessoas, sua ação e seu comportamento.

a) Vocábulos relacionados às pessoas:

b) Vocábulos relacionados à ação que o texto descreve:

c) Vocábulos relacionados ao comportamento das pessoas que realizam essa ação:

Veja se respondeu assim:

a) *pessoa* – peladeiro, jogador, adversário, time.

b) *ação* – "dar um ovo na cara", "estar debaixo da saia do cara", "banho de cuia", "bate-bola" (jogo), bola (redonda), pelada, "lençol", "cama de gato", "brincar com a moçada na praia", "engolir um frango", "jogada de letra", "jogada de charles", "bicicleta".

c) *comportamento* – grito, linguagem sem censura, espontaneidade, lazer, autenticidade, espírito lúcido, clima de camaradagem, apelidos, habilidade, amante da pelada, fome de bola "tamos aí", espírito de conciliação, espírito democrático da brincadeira, disposição, aplaudir, vibrar.

2. Vocabulário e campo lexical

Ao agrupar os vocábulos, tomando por base a caracterização destes dentro do texto, procedeu-se à estrutura do vocabulário em campos lexicais.

Campo lexical é o conjunto de vocábulos empregados para designar, qualificar, caracterizar, significar uma noção, uma atividade, uma técnica, uma pessoa. Um vocabulário *é*, pois, um grande campo lexical que pode ser reagrupado em pequenos campos, de acordo com as relações (hiponímia, sinonímia, antonímia etc.) que ocorrem no texto. Veja o exemplo que apresentamos adiante, neste capítulo.

Para melhor compreensão do assunto ler VANOYE, Francis, *Usos da linguagem: problemas e técnicas na produção oral e escrita.* S. Paulo: Martins Fontes, 1979, item 1.3. Ler também FAULSTICH, Enilde L. de J. *Lexicologia: a linguagem do noticiário policial.* Brasília: Horizonte, 1980, cap. III.

Atente para as seguintes frases:

a) "mas para os peladeiros que têm 'fome de bola' nada disso impede o *jogo*".

b) "A falta de espaço para o bate-bola é um dos problemas enfrentados pelos amantes de peladas".

c) "O campo pode ter poças de lama e a bola estar furada..."

d) "... mas se dá para correr e a redonda aguenta o tranco..."

O vocábulo grifado na frase *a* pode ser substituído pelo da frase *b* e vice-versa, sem prejuízo da mensagem:

nada disso impede o bate-bola.

ou

A falta de espaço para o jogo...

O mesmo ocorre nas frases *c* e *d*. Isso nos leva a acreditar que jogo e bate-bola, bola e redonda são sinônimos.

Contudo essa verdade é relativa, porque:

a) jogo e bate-bola só são sinônimos em determinados contextos. Uma partida em que duas seleções disputam um título é um jogo, mas não um bate-bola, a não ser ironicamente;

b) uma bola é de fato redonda, mas nem toda coisa redonda é uma bola.

Conclui-se que – embora não existam sinônimos perfeitos – há uma relação sinonímica entre os termos.

3. Sinonímia e hiponímia

Pode-se considerar a sinonímia sob duas acepções:

a) dois termos são considerados sinônimos quando um pode substituir o outro em um determinado enunciado;

b) dois termos são considerados sinônimos quando são intercambiáveis em todos os contextos. Com base neste conceito, pode-se dizer que não existem verdadeiros sinônimos.

A sinonímia pode ser considerada uma hiponímia simétrica.

A hiponímia[15] deve ser entendida como relação de inclusão de significados das unidades em questão, assim é que o subconjunto (assassino, matador, pistoleiro, carrasco, bandido, celerado) está incluso no conjunto *criminoso*. Donde, todo matador é um criminoso, mas nem todo criminoso é um matador.

---

15. FAULSTICH, Enilde L. de J. *Lexicologia: a linguagem do noticiário policial.* Brasília: Horizonte, 1980.

A hiponímia propriamente dita se define por uma relação de implicação unilateral, assim é que se um objeto é esverdeado pode-se entender que esse objeto seja verde, mas se o objeto é verde não se diz que ele é esverdeado.

Devido a essa relação de implicação unilateral a hiponímia é assimétrica.

No entanto, quando a relação entre os termos é concebida como uma relação recíproca, a hiponímia é simétrica e, neste caso, as unidades em questão são chamadas de sinônimos.

Em determinado contexto, onde bate-bola é igual a jogo e jogo é igual a bate-bola, a relação entre os termos é recíproca, logo sinonímica.

Para melhor compreensão dos conceitos de sinonímia e de hiponímia ler ILARI, Rodolfo & GERALDI, João W. *Semântica*, S. Paulo: Ática, 1985, cap. 4.

Treine: No texto abaixo, substitua os termos grifados por outros, estabelecendo, assim, relação sinonímica.

Os efeitos econômicos da propaganda

O uso da influência nas relações comerciais é um dos *atributos* de uma economia livre. Por isso, a ética da *propaganda* é a ética da influência nas relações entre vendedor e comprador.

Em um *sistema competitivo*, onde numerosos vendedores concorrem pela preferência dos compradores, a ética legítima para o vendedor é a mesma que a do advogado; em outras palavras, o ponto de vista *viciado* do vendedor não é necessariamente *antiético*.

À medida que a propaganda e a venda *agressiva* se desenvolvem, os *padrões* éticos que pautam o seu uso *evoluem* numa base *pragmática*. Nessa evolução pragmática dos padrões éticos de propaganda, certas práticas passaram a ser encaradas como abusos suficientemente sérios para serem condenados pela lei, haja vista os chamados *"estatutos* de propaganda" *sancionados* em 25 Estados dos EUA, com o apoio da própria classe[16].

4. Estrutura de vocábulo em campo lexical

Leia o texto seguinte para proceder à sua estruturação em campo lexical.

Encontro com o menino branco

Ao som dos passos de Guaci, o menino levantou o rosto.

E Guaci percebeu então que não era um indiozinho como ele, mas sim um menino branco. Seus cabelos eram castanhos e seus olhos azuis como a cor do céu.

Foi a primeira vez que Guaci viu um branco e seu espanto foi grande. O menino branco também se assustou ao ver apare-

---

16. BOKDEN, N.H. em COHN, Gabriel (org.). *Comunicação e indústria, cultural.* S. Paulo: Cia. Ed. Nacional, 1978, p. 201-202.

cer na mata aquele indiozinho alto para seus nove anos, o corpo moreno coberto apenas por uma tanga. Suas mãos fortes seguravam o arco e as flechas.

Um gemido de dor escapou dos lábios do menino branco; Guaci, compadecido, ajoelhou-se a seus pés e só então reparou que a perna do menino estava sangrando. Parecia mordida de cobra.

O indiozinho aproximou a boca daquela pele branca. Num instante ele chupou o veneno injetado pela cobra no pobre menino e cuspiu fora o sangue.

Seus olhos brilharam de alegria! Ele tinha salvo uma vida!

Tentou falar-lhe na sua linguagem doce, mas o menino nada compreendeu.

Então, apontando o peito, disse!

– Mim... Guaci.

O menino sorriu e respondeu apontando a si próprio:

– Mim... Joãozinho.

Era o começo de uma grande amizade!

Mais nada podiam dizer, pois cada um deles falava uma linguagem diferente[17].

---

17. NOVAES, Glorinha de Moura. Em: PERSÜHN, Janice J. *Escrevivendo*, 5ª série. S. Paulo: Brasil, 1982, p. 121. Este texto (elementar) foi propositalmente escolhido para a estruturação do campo por duas razões: possui bidimensionalidade transparente, o que facilita didaticamente a tarefa e, apesar do vocabulário simples (talvez por isso), permite várias leituras e interpretações.

Procedimentos para estruturar o campo lexical:

a) Lido o texto, investigue qual a palavra-chave que constitui o núcleo da tese defendida pelo autor. Nesse momento surge o arquilexema do campo, que é a palavra de significação mais abrangente;

b) liste os lexemas, representados por vocábulos simples, tais como substantivos, adjetivos, verbos e/ou vocábulos agrupados sob a forma de expressões ou orações cujas partes não podem ser desmembradas sob pena de perderem a significação vocabular;

c) uma vez listados todos os vocábulos, reúna-os em pequenos campos de acordo com as relações de ideias do texto;

d) trace um diagrama arbóreo, tomando por base as relações de inclusão – hiponímia – que há entre o arquilexema e o vocábulo subsequente, no sentido vertical (paradigmático); ao mesmo tempo, abra novo(s) galho(s) sempre que houver relação de equivalência – sinonímica – entre um lexema e outro, no sentido horizontal (sintagmático);

e) busque no dicionário, sempre que necessário, o significado de vocábulo(s) desconhecido(s), observando a acepção que melhor se coadune ao contexto.

O campo lexical do texto *Encontro com o menino branco* resultou assim como se vê na página seguinte.

Campo lexical:

Dessa estruturação conclui-se que:

a) o campo apresenta bidimensionalidade, em primeiro plano, já que as ações se desenvolvem em torno de dois personagens;

b) as ideias expostas estruturam-se por meio de relações de inclusão – hiponímia – como "indiozinho e branco são meninos que se encontram"; de equivalência – sinonímia – como "o espanto do indiozinho foi grande e o menino branco se assustou quando se viram"; de oposição – antonímia – como "o indiozinho tentou falar-lhe na sua linguagem doce, mas o menino nada compreendeu" etc.;

c) a estrutura do texto em campo lexical faculta a apreensão dos conteúdos básicos do mesmo e possibilita o entendimento da ideologia subjacente;

CAMPO LEXICAL:

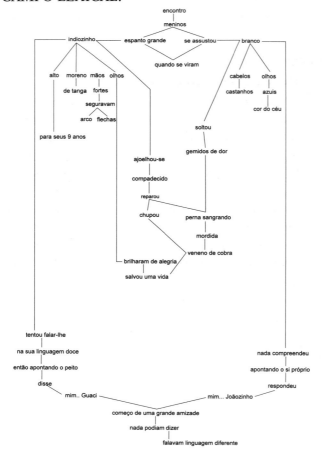

d) o vocábulo nem sempre se constitui de uma palavra, mas de agrupamento que não pode ser desmembrado, como "gemidos de dor", "começo de uma grande amizade" etc.

e) é possível interpretar o texto à luz de seu léxico e reescrevê-lo dando-lhe nova feição.

Finalmente, sugere-se que o modelo sirva de base para

a) ampliar o conceito de leitura, já que o diagrama possibilita várias leituras interpretativas;

b) explorar e fixar os conceitos de sinonímia, hiponímia e antonímia;

c) planejar e elaborar redações.

O vocabulário, quando estudado em *corpus* especializado, diz-se técnico.

Vocabulário técnico é aquele em que os termos identificam uma atividade específica. Assim sendo, reconhece-se que um texto pertence a uma determinada área – grupo profissional – pela significação que os vocábulos possuem ou adquirem nele. O conjunto de tais vocábulos constitui a linguagem técnica ou especial.

A linguagem técnica ou especial caracteriza-se por introduzir inovações e apropriar-se de modo peculiar de outros termos da linguagem comum ou geral. As modificações que um grupo socioprofissional introduz na língua são chamadas de jargão.

Leia o texto seguinte, destaque os vocábulos considerados técnicos e diga a que área profissional pertencem.

A queda na produção de automóveis e pneumáticos para automóveis foi a principal causa do declínio de 8,4 por cento do setor de bens de consumo duráveis, enquanto antibióticos e vitaminas contribuíram para que o setor de bens de consumo não duráveis registrasse um pequeno crescimento de 0,2 por cento[18]

5. Exatidão e adequação vocabular

A escolha cuidadosa de palavras, para que os termos adquiram propriedade, torna a frase mais logicamente construída e, consequentemente, o texto compõe-se de maneira concatenada, objetiva e clara porque:

Um texto é um conjunto de elementos:
conjunto de um ou mais parágrafos
conjunto de uma ou mais frases compondo parágrafos
conjunto de uma ou mais palavras compondo frases.

Um texto é um conjunto de relações:
ligando parágrafos

---

18. *Em O Globo*, 02/03/1981.

ligando uma ou mais frases em parágrafos
ligando uma ou mais palavras em frases[19].

Um *texto* é, portanto, um conjunto de elementos e um conjunto de relações que cria um *contexto* – uma situação global.

É o contexto que dá significação aos elementos. É no contexto que palavras, frases e parágrafos ganham importância e significação.

---

19. STARLING, José Nogueira; NASCIMENTO, Milton do & MOREIRA, Samuel. *Língua portuguesa*: teoria e prática. Belo Horizonte: Vigília, 1978, p. 114.

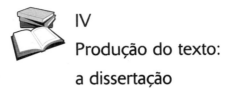

IV
Produção do texto: a dissertação

Há três técnicas de redação: a *descrição*, a *narração* e a *dissertação*. Elas podem vir misturadas em um mesmo texto, mas, geralmente, uma delas se sobressai.

A *descrição* é a pintura animada e, por isso, tem que ser viva: deve fazer alusão à vida por meio da imagem sensível e do detalhe material.

Já em uma *narração* conta(m)-se um ou vários fatos. A narração pode ser composta de uma cena complexa e também de um encadeamento de cenas. Enquanto a descrição está mais voltada para o que é exterior, a narração é um recurso para se escrever sobre o que é mais interior, indo além das ações, contando fatos em que intervém pessoas. Narrar é dizer que alguém faz algo num certo tempo e lugar.

A partir de então, vamos estudar mais detalhadamente o texto dissertativo; por isso a descrição e a narração foram apenas citadas como técnicas redacionais.

Não há uma receita infalível na produção de textos dissertativos. Apresentamos, pois, sugestões de atividades que podem ajudar na criação de mensagens dissertativas.

Dissertar é expor, explanar ou ainda explicar ideias. Na dissertação expressamos o que sabemos ou acreditamos saber a respeito de determinado assunto.

Assim como a descrição e a narração, a dissertação também deve ser planejada, para que se obtenha um trabalho preciso, claro, coerente.

Imagine-se tendo de redigir uma dissertação sobre o menor abandonado. Você deverá proceder da seguinte maneira:

a) anote suas ideias sobre o assunto;

b) se suas ideias são poucas, pesquise sobre o assunto: busque dados estatísticos, testemunhos, definições etc.; ao fim dessa pesquisa, você terá muitas outras ideias;

c) delimite bem seu objetivo:

• qual é a tese ou o ponto de vista que você quer defender?

• de que ângulo, de que perspectiva quer tratar o assunto?

Respondendo a essas perguntas você estará definindo o tema do seu texto.

Complete o espaço seguinte com o ponto de vista que você defenderá. O que quero dizer sobre o menor abandonado pode ser sintetizado na seguinte frase:

Você tem uma lista de ideias anotadas; dessas ideias, destaque as mais importantes, isto é, aquelas que estão estritamente ligadas ao tema que escolheu. Estas constituirão as sentenças-tópico que fundamentarão o ponto de vista.

Apoie-se nas ideias restantes – ideias secundárias e pormenores – para realçar, ilustrar, justificar e comprovar as ideias básicas. Agindo assim, você estará organizando o conteúdo de seu texto.

Atente agora para o fato de que, se, durante uma dissertação, o autor procurar convencer o leitor, formar-lhe a opinião pelas provas com que vai fundamentando suas declarações, ele então estará dando traços de verdadeira argumentação a seu texto.

A dissertação tem como propósito principal expor ou explanar, explicar ou interpretar ideias; a argumentação visa, sobretudo, a convencer, persuadir ou influenciar o leitor ou ouvinte.

1. O texto expositivo-dissertativo

Antártida, um desafio e uma esperança

A Antártida[20] representa a última porção de terra emersa ainda pouco conhecida e explorada. É um continente que possui aproximadamente 14 milhões de quilômetros quadrados e que, segundo os geólogos, se originou no Mesozoico, separando-se da África, Austrália, Índia e América do Sul, possivelmente em razão de gigantescas perturbações geofísicas e geológicas ocorridas naquele período. Por aquela época, a Antártida ainda não se encontrava nas latitudes atuais, e possuía florestas tropicais e fauna abundante, que se foram extinguindo lentamente, à medida que a região se deslocava para a posição na qual hoje se encontra, com a chamada deriva dos continentes.

---

20. A palavra Antártica é originária do grego *Antarktikós*, pela inclusão do prefixo *anti* (oposto, contrário, contra) ao termo *Arkükús*, usado desde a antiguidade grega para designar as constelações da Ursa, termo este que passou para o latim, com o adjetivo *Arcticus*, para significar *setentrional* (do norte). A inclusão do prefixo *anti* ao termo *Arktikós*, compondo o adjetivo *Antarktikós* (no latim *Antarcticus*) passou a significar, evidentemente, *austral*, *meridional* (do sul). No português a palavra Antárctida ou, pela nova ortografia, Antártida, é usada para designar o substantivo, com o sufixo *ida*, por geônimos antigos do tipo Atlântida, Amazônida e outros. Alguns filólogos, entretanto, consideram o termo Antártida como um espanholismo, argumentando que, em português, a palavra correta seria Antártica. No presente trabalho será empregada a palavra Antártida por ter sido esta terceira usada pelo governo em seus decretos sobre o assunto.

Ao contrário do Ártico, que se compõe de enorme massa oceânica congelada, o continente antártico é praticamente construído por uma imensa massa terrestre, totalmente coberta de gelo, o qual, sem dúvida, protege o mistério das idades que presidiram sua formação e certamente guarda, sob suas espessas camadas, inesgotáveis recursos minerais.

A primeira incursão de caráter científico que se tentou realizar na Antártida foi a efetuada por Sir James Cook, que a bordo do Resolution executou a primeira viagem de circunavegação em torno daquele continente, entre 1772 e 1775, chegando a atingir a latitude de 71°10'S. Cook nessa viagem demonstrou a continuidade das águas ao redor da Antártida e desfez a ilusão de que a Austrália se prolongasse em latitudes antárticas, chegando até a duvidar da existência de um continente no extremo meridional, pois não o encontrou nas várias oportunidades em que cruzou o Círculo Polar Antártico.

No último decênio do século XVIII e início do XIX, as viagens exploratórias oficiais ao continente antártico foram interrompidas, certamente pela situação política com que se defrontava a Europa, desde o início da Revolução Francesa até o fim das Guerras Napoleônicas. Entretanto, um aspecto importante que possibilitou a descoberta e o conhecimento das regiões antárticas, desde a viagem de Cook, foi o ciclo de caça da foca, abundante nos arquipélagos austrais descobertos por essa época (Shetland e Órcades do Sul).

A segunda metade do século XIX foi notável pela ausência de continuidade nas atividades polares austrais, tendo havido apenas algumas iniciativas de destaque, como a da

Royal Geographical Society, de Londres, que patrocinou, em 1874, a realização da primeira comissão oceanográfica, a bordo do *Challenger*, mas que não chegou a ser uma expedição antártica propriamente dita, e a do Império Austro-Húngaro, em 1882-1883, com a realização do primeiro Ano Polar, no qual tomaram parte 12 países. Tal descontinuidade deveu-se provavelmente às atividades das potências europeias que, no auge de seu expansionismo mercantilista e colonialista, estavam mais preocupadas com a partilha da África e Ásia, na consolidação dos seus impérios coloniais (no caso africano regulamentado pela Ata de Berlim de 1885), do que propriamente com a organização onerosa de expedições a um continente desconhecido, de acesso excepcionalmente difícil e de duvidoso aproveitamento econômico.

Depois da Primeira Guerra Mundial, que interrompeu por algum tempo as expedições à Antártida, essas passaram a se beneficiar consideravelmente dos novos avanços tecnológicos, sobretudo a aviação e a radiotelegrafia. À renovação da indústria baleeira, à importância das observações meteorológicas para a navegação marítima e aérea e para a climatologia, aliou-se a possibilidade de exploração futura de valiosos recursos minerais. Dentro dessas novas perspectivas é que, em 1928, Richard Byrd, da Marinha dos Estados Unidos, com a ajuda financeira de grandes empresários americanos, organizou uma expedição à Antártida, com o navio *City of New York*, levando a bordo um avião, com o qual realizou a primeira viagem aérea sobre aquele continente, sobrevoando inclusive o Polo Sul, em novembro de 1929.

Entre 1929 e 1931, Inglaterra, Austrália e Nova Zelândia efetuaram operações conjuntas na região.

O interesse dos cientistas pelas regiões polares levou-os à realização de um segundo Ano Polar, em 1932-1933, decorrido, portanto, meio século da realização do primeiro. Os trabalhos contaram com a participação de 30 nações, mas o Ártico foi ainda a finalidade maior desse esforço científico global.

Durante a Segunda Guerra Mundial surgiu uma nova problemática para a região antártica: o seu interesse estratégico, quando navios corsários alemães, no Pacífico Sul, se serviram das ilhas Kerguélen como base de reabastecimento. Os ingleses intensificaram suas atividades na região e estabeleceram, em 1943, estações meteorológicas na Costa W da península de Granam. Os Estados Unidos, já anteriormente (1939-1941), tinham iniciado a ocupação permanente com dupla finalidade, tanto científica quanto estratégica, estabelecendo bases em pontos explorados por expedições norte-americanas, como em MacMurdo.

Em 1943, a Marinha argentina organizou uma expedição à Península Antártica e às ilhas Shetland e, em 1947, os chilenos estabeleceram a sua primeira base na região, escolhendo a ilha de Greenwich, Shetland do Sul.

Logo após o término da Segunda Guerra Mundial, em 1946, os Estados Unidos realizaram a operação *High Jump* (Salto Grande), sob o comando do Almirante Byrd, empregando 4.000 homens, embarcados em nove navios, um submarino e um quebra-gelo. Essa operação representou passo importante na exploração antártica e serviu para renovar o interesse do governo norte-americano pela região, com uma demonstração de força, numa época em que já se delineavam os contornos de Guerra Fria. Posteriormente, entre 1950 e 1952, ocorreu a primeira expedição internacional, da qual participaram a Noruega, Inglaterra e Suécia e, anos mais tarde, no período de 01/07/1957 a 31/12/1958, foi realizado um programa científico de grande envergadura, com observações simultâneas em todas as áreas do mundo, no ramo das ciências da Terra, incluindo Oceanografia, Meteorologia, Física da Alta Atmosfera e Glaciologia. O programa do Ano Geofísico para a Antártida teve a participação de doze nações: Argentina, Austrália, Bélgica, Chile, França, Japão, Nova Zelândia, Noruega, África do Sul, URSS, Reino Unido e Estados Unidos da América, sendo estas as nações que, no ano de 1959, em Washington, elaboraram o Tratado da Antártida, firmando o primeiro estatuto jurídico para a região[21].

Estruturalmente, esta dissertação apresenta as seguintes partes:

a) *Introdução* – onde o autor expõe a tese ou o ponto de vista que quer defender. Deve-se evitar que a introdução antecipe o desenvolvimento e a conclusão do texto, sendo, por isso, pouco recomendável que nela se incluam exemplos.

---

21. BAKKER, Mucio Piragibe Ribeiro de. *Revista brasileira de tecnologia.* Brasília 13(3): 4, jun/jul 1982.

No texto *Antártida, um desafio e uma esperança* o autor defende o seguinte ponto de vista:

"A Antártida representa a última porção de terra emersa ainda pouco conhecida e explorada".

No primeiro parágrafo, o da Introdução, a tese ou ponto de vista coincide com a sentença-tópico, a qual será fundamentada por meio das seguintes ideias secundárias:

1. "é um continente";

2. "possui aproximadamente 14 milhões de quilômetros quadrados";

3. "segundo os geólogos, se originou no Mesozoico";

4. "separando-se da África, Austrália, Índia e América do Sul, possivelmente em razão de gigantescas perturbações geofísicas e geológicas ocorridas naquele período";

5. "por aquela época, a Antártida ainda não se encontrava nas latitudes atuais";

6. "possuía florestas tropicais e fauna abundante";

7. (florestas tropicais e fauna abundante) "se foram extinguindo lentamente";

8. "a região se deslocava para a posição na qual hoje se encontra, com a chamada deriva dos continentes".

b) *Desenvolvimento* – comporta as ideias que fundamentarão o ponto de vista do autor. A ideia-núcleo, apresentada na introdução, normalmente é demonstrada no desenvolvimento por meio de ideias que provem ou exemplifiquem o dito.

Os parágrafos que compõem o desenvolvimento apresentam uma sentença-tópico fundamentada por ideias secundárias e estas, por sua vez, pelos pormenores.

O texto em estudo apresenta nove parágrafos de desenvolvimento. Veja se todos eles apresentam sentença-tópico e ideias secundárias.

Estruturalmente, os nove parágrafos estão formados assim:

2º § – *sentença-tópico:*

"Ao contrário do Ártico, o continente antártico é praticamente constituído por uma imensa massa terrestre..."

ideias secundárias:

1. "(O Ártico) que se compõe de enorme massa oceânica congelada";

2. "(massa terrestre) totalmente coberta de gelo;

3. "(gelo) o qual protege o mistério das idades";

4. (idades) "que presidiram sua formação";

5. "e guarda inesgotáveis recursos minerais".

3º § – *sentença-tópico:*

"A primeira incursão de caráter científico que se tentou realizar na Antártida foi efetuada por Sir James Cook..."

ideias secundárias:

1. (James Cook) "que a bordo do *Resolution* executou a primeira viagem de circunavegação em torno daquele continente";

2. (Resolution) "chegou a atingir a latitude de 71°10'S.

Continue:

4º § – *sentença-tópico:* transcreva-a:

ideias secundárias: transcreva-as:

Continue o exercício, é desta forma que se pode apreender as ideias expostas pelo autor, entendê-las e, em consequência, aprender a redigir corretamente novos textos.

Você percebeu que há dois parágrafos, no texto analisado, que não apresentam a binariedade necessária para serem considerados parágrafos bem estruturados; estes parágrafos – o 7° e o 10° – são, por isso, considerados de transição, quer dizer, aqueles que servem para estabelecer um elo entre a ideia anterior e a seguinte.

c) *Conclusão* – apresenta uma síntese da Introdução e Desenvolvimento. É o fecho do trabalho dissertativo e deve ser objetiva e clara.

O(s) parágrafo(s) que contém(êm) a conclusão também pode(m) apresentar sentença-tópico e ideias secundárias, ou, então, somente a sentença-tópico.

A conclusão do texto "Antártida..." é a seguinte:

Sentença-tópico:

"Logo após o término da Segunda Guerra Mundial, em 1946, os Estados Unidos realizaram a operação *High Jump* (Salto Grande), sob o comando do Almirante Byrd, empregando 4.000 homens, embarcados em nove navios, um submarino e um quebra-gelo".

Escreva, agora, onde começa e onde termina cada ideia secundária desse parágrafo:

2. O texto dissertativo-argumentativo

A Antártida representa o cenário do maior projeto científico internacional da história da humanidade. Para um país como o Brasil, ainda importador de tecnologia e de pouca tradição científica, o Projeto Antártico Brasileiro poderá constituir-se no grande salto do país no caminho do seu desenvolvimento científico e tecnológico, à medida que se puder acionar com a rapidez necessária e motivação correspondente o enorme potencial existente nas instituições científicas do país e nas suas universidades. As ciências, que se desenvolvem no continente antártico, as chamadas Ciências da Terra, por se preocuparem prioritariamente com o conhecimento do planeta e da vida nele existente, têm empolgado a juventude universitária brasileira e aparecem como um novo leque de opções a atrair a mocidade estudantil, quase sempre dirigida para as ciências mecânicas e socioeconômicas.

Sem dúvida, a presença brasileira na Antártida irá requerer a superação prévia de inúmeros óbices, especialmente para o Brasil, país sem nenhuma tradição polar. O fator humano, por exemplo, tem sido uma fonte de preocupação. As necessidades de pessoal especializado ocorrem tanto nos campos de pesquisa quanto nos de apoio. De outra parte, será necessário integrar o Proantar, isto é, compatibilizá-lo com os vários projetos científicos que estão em andamento na Antártida, muitos deles iniciados durante o Ano Geofísico Internacional (AGI). Isto irá requerer um estudo detalhado desses projetos, além de uma análise criteriosa de tudo o que se processou cientificamente na Antártida desde a realização do AGI. Somente desta maneira é que o Proantar poderá ser reconhecido, como de interesse para a Antártida e, consequentemente, a pesquisa nele programada, uma vez realizada, possa ser qualificada de substancial.

Outra grande dificuldade que as expedições brasileiras irão enfrentar refere-se ao meio ambiente natural antártico, que é bastante adverso, não só pelas condições extremas que apresenta para a vida humana, como também pela rapidez com que, muitas vezes, os parâmetros ambientais variam. Afinal, essas dificuldades existem e, certamente, serão contornadas ou superadas pelo Brasil, como o foram pelos países pertencentes ao "Clube Antártico".

Um país com a importância política do Brasil, com a projeção econômica que já alcançou e com a influência cultural que tem transcendido as suas fronteiras, não poderá permanecer em uma posição caudatária em ciência e tecnologia. O Projeto Antártico, indubitavelmente, constituirá uma grande oportunidade para a nação se projetar cientificamente.

O Brasil não irá para a Antártida fazer reivindicações territoriais posteriores. Ciente de seus interesses e das responsabilidades que assumiu como signatário do tratado, o Brasil pretende apenas integrar-se na grande comunidade antártica, com a humildade de quem, até então, representou o grande omisso, para fazer ciência e consequentemente participar dos destinos daquela região, que constitui a última grande porção de terra emersa em todo o planeta e onde uma nova experiência de convivência internacional está sendo experimentada.

Todas as nações têm seus problemas, inclusive aquelas que desenvolvem atividades no continente antártico. Mas nem por isso elas pretendem abdicar de seus interesses naquele continente. Sabe-se que o Brasil tem problemas, e muitos. Mas não pode interiorizar-se e deixar de pensar no futuro. Existem compromissos com as novas gerações e há que pensar no ano 2000. A Antártida é futuro. Debruçado sobre o Atlântico Sul, o Brasil precisa retomar sua vocação marítima e caminhar para Leste e para as regiões austrais, como outrora fizeram seus antepassados lusos[22].

Estruturalmente, este texto argumentativo apresenta as seguintes partes:

a) *Proposição* – é a declaração, tese ou opinião firmada do autor.

No texto, a proposição é:

"Para um país como o Brasil, ainda importador de tecnologia e de pouca tradição científica, o Projeto Antártico Brasileiro poderá constituir-se no grande salto do país no caminho do seu desenvolvimento científico e tecnológico, à medida que se puder acionar com a rapidez necessária e motivação correspondente o enorme potencial existente nas instituições científicas do país e nas suas universidades".

---

22. BAKKER, Mucio Piragibe Ribeiro de, op. cit., p. 20-21.

b) *Concordância parcial* – são dados argumentativos que fundamentam a tese.

São concordâncias parciais, no texto:

1. "... as Ciências da Terra (...) aparecem como um novo leque de opções a atrair a mocidade estudantil, quase sempre dirigida para as ciências mecânicas e socioeconômicas";

2. "... a presença brasileira na Antártida irá requerer a superação prévia de inúmeros óbices..."

3. "... será necessário integrar o Proantar, isto é, compatibilizá-lo com os vários projetos científicos que estão em andamento na Antártida..."

4. "... Isto irá requerer um estudo detalhado desses projetos, além de uma análise criteriosa de tudo o que se processou cientificamente na Antártida..."

5. "... as expedições brasileiras irão enfrentar dificuldades referentes ao meio ambiente natural antártico, que é bastante adverso..."

6. "Um país com a importância política do Brasil, com a projeção econômica que já alcançou e com a influência cultural que tem transcendido as suas fronteiras, não poderá permanecer em uma posição caudatária em ciência *e* tecnologia".

c) *Contestação ou refutação* – trata-se de uma contra-argumentação à tese inicialmente apresentada; tem caráter adversativo, podendo aparecer (ou não) explicitamente as conjunções adversativas.

No texto, é refutação:

"O Brasil não irá para a Antártida fazer reivindicações territoriais posteriores, [...] pretende apenas integrar-se na grande comunidade antártica..."

d) *Conclusão* – tem por finalidade explicitar em termos claros a essência do trabalho. É a síntese de uma tese coerentemente argumentada.

A conclusão do texto é:

"Todas as nações têm seus problemas [...] [mas] a Antártida é futuro. Debruçado sobre o Atlântico Sul, o Brasil precisa retomar sua vocação marítima e caminhar para Leste e para as regiões austrais, como outrora fizeram seus antepassados lusos".

Segundo Whitaker Penteado[23], "Argumentar é discutir, mas, principalmente, é raciocinar, é deduzir e concluir. A argumentação deve ser construtiva na finalidade, cooperativa em espírito e socialmente útil".

---

23. PENTEADO, José Roberto Whitaker. *A técnica da comunicação humana.* S. Paulo: Pioneira, 1980, p. 233-242.

Algumas vantagens da argumentação:

a) é um meio de criar hipóteses e experimentar conclusões;

b) é uma técnica de emitir argumentos e opiniões, com o objetivo de defender uma determinada posição;

c) é um processo de análise e crítica de todos os meios de intercâmbio de opiniões.

Definições e elementos da argumentação:

Argumentação é a arte de influenciar os outros por meio da evidência e da lógica.

Elementos à argumentação:

a) *A EVIDÊNCIA:* uma certeza manifesta. Há quatro tipos de evidência:

1. *Fatos* – são acontecimentos; o que é real. Para uma argumentação ser correta e objetiva é indispensável considerar os fatos como evidentes. Um fato é evidente quando é observável e comprovável. A propaganda, por ser poderosa e evidente, é um fato inegável. Ex.:

Visto, lido e ouvido
Os desastres de moto no Brasil estão matando mais do que câncer e coração juntos. Este é o resultado de estudos realizados na

Universidade de Minas Gerais. O principal culpado ainda é a propaganda, que mostra a moto não como um veículo para o transporte, mas para disputa de emoções que nem todo mundo pode viver no dia a dia. Uma publicidade mais sensata traria melhores resultados às fábricas e à opinião pública[24].

2. *Exemplos* – justificam um fato suficientemente representativo de determinada espécie de situações, de objetos ou ocorrências. Ex.:

Crianças carenciadas
A ausência da relação materno-filial denomina-se "privação materna". Este é um termo muito amplo que compreende várias situações. Assim, por exemplo, considera-se "privada" a criança que vive no mesmo lar que a mãe e esta se mostra incapaz do amoroso cuidado de que a infância necessita. Da mesma forma, considera-se "privada" a criança que por qualquer motivo esteja separada geograficamente do cuidado materno. O efeito de tal privação resultará relativamente leve se a criança for atendida por alguém que a acarinhe e na qual confie; pode, porém, ser grave se a mãe substituta, embora amável, lhe for estranha. Não obstante, essas providências proporcionam alguma satisfação e constituem, portanto, exemplos de privação parcial[25].

---

24. CUNHA, Ari. Em *Correio brasiliense*, 26/08/1983.
25. SPITZ. Em OLIVEIRA, M.H.M.; SAN-MARTIN, M.E. & GIACOMOZZI, G. *Universitária*. Taubaté: Grupo de pesquisa em linguística e matemática, 1980, vol. 4, p. 310.

3. *Estatísticas* – cobrem enorme variedade de aspectos de um problema por meio de forma numérica simples, compreensiva, de notável força e concisão. Ex.:

No Paraíba o lixo de 40 cidades

Os problemas do Paraíba há vários anos preocupam as autoridades, mas, na verdade, todas as providências não passaram de paliativos ou promessas não cumpridas. Agora anuncia-se que até o final do ano que vem um modelo matemático repetirá em centros experimentais todas as condições do rio, indicando suas soluções. Mas isso poderá ser adotado tarde demais: até o final de 76 a população do Vale terá crescido mais de 12%, as indústrias 7% e a entrada em funcionamento da Refinaria de São José dos Campos atrairá para suas margens complexos petroquímicos e siderúrgicos e a duplicação da Companhia Siderúrgica Nacional, cujas consequências demográficas e poluidoras são realmente imprevisíveis[26].

4. *Testemunhos* – são demonstrações do poder da presença humana nos momentos em que se decide entre duas evidências que se chocam. Ex.:

---

26. BARBOSA, Eduardo. Em OLIVEIRA, M.H.M. et al. op. cit. vol. 2, p. 132.

A natureza humana à luz da psicanálise

Os críticos da análise dizem que não há prova científica de que o tratamento funcione, e os analistas concordam que o tipo de ganho feito na análise não pode ser medido em laboratório. "A validade da psicanálise pode ser demonstrada convidando-se um antigo paciente a falar sobre como era antes e depois", disse o Dr. Albert J. Solnit, analista que dirige o Centro de Estudos da Criança em Yale. De fato, muitos pacientes relatam que a visão de si mesmo e do mundo transformou-se[27].

b) *A LÓGICA:* coerência e raciocínio

Raciocinar é fazer uso da razão para conhecer e julgar a relação das coisas: é o processo de extrair inferências de fatos, exemplos, estatísticas e testemunhos.

1. Você vê um rapaz de "smoking" à noite em Copacabana;

2. Você infere que ele está a caminho de uma festa;

3. Você vê um carro parado na pista, com um triângulo vermelho exposto;

4. Você infere que o carro está enguiçado.

Ver ou ler é colher imagens ou informações. Inferir é raciocinar – é um processo de inteligência, uma técnica mental.

---

27. Em OLIVEIRA, M.H.M. et al., op. cit., p. 272.

Para argumentar é necessário refutar as ideias do opositor por meio de contra-argumentos, assim:

1. procure refutar o argumento que lhe parece mais forte. Comece por ele;

2. procure atacar os pontos fracos da argumentação contrária;

3. escolha uma autoridade que tenha dito exatamente o contrário do que afirma seu opositor;

4. aceite os fatos, mas demonstre que foram mal interpretados;

5. ataque a fonte na qual se basearam os argumentos do seu opositor;

6. cite outros exemplos semelhantes que provem exatamente o contrário dos argumentos que lhe são apresentados pelo opositor;

7. analise cuidadosamente os argumentos contrários, dissecando-os para revelar as falsidades que contêm[28].

Para o planejamento de um texto dissertativo você deve saber que na introdução de uma dissertação poderá valer-se de uma frase, de um parágrafo e

---

28. Conteúdo baseado em PENTEADO, José Roberto Whitaker, op. cit.

mesmo de mais de um parágrafo. O essencial é que a introdução:

1. desperte o interesse do leitor;

2. indique ou sugira o tema que será desenvolvido;

3. conduza o leitor ao desenvolvimento do tema.

Há vários tipos de *introdução*. Alguns redatores colocam imediatamente a ideia básica e vão direto a seu desenvolvimento. Outros apresentam algum material importante para o desenvolvimento, definindo termos, situando o problema ou mesmo apresentando algum relato ou pensamento importante no desenvolvimento do tema. Outros fazem perguntas que serão respondidas na extensão do texto. Outros, ainda, chegam a apresentar o plano de tratamento do tema.

O importante é que a introdução apresente, implícita ou explicitamente, a ideia central do texto, a transição para a segunda parte, o *desenvolvimento*.

Também no desenvolvimento de seu tema você deverá estar atento ao leitor. Este deverá, no que concerne à significação do conteúdo:

1. identificar facilmente a(s) ideia(s) básica(s);

2. identificar facilmente as ideias que explicitam, que fundamentam, que apoiam as ideias básicas;

3. perceber facilmente as relações entre as ideias, dentro do texto.

No que se refere à organização, à síntese, à expressão, o leitor deverá encontrar:

1. orações sintaticamente bem formadas;

2. orações adequadamente relacionadas na composição dos períodos;

3. períodos claramente relacionados na constituição dos parágrafos;

4. parágrafos coerentemente relacionados no plano de desenvolvimento.

Assim você deverá ter sempre em mente a formulação de sua tese, de seu ponto de vista, procurando os meios adequados para desenvolver suas ideias básicas. Deverá pensar nos esquemas estruturais que vai adotar (síntese-análise-síntese, por exemplo), nos recursos de que vai se valer. Deverá ligar adequadamente as informações que apresenta. Seu leitor deverá estar sempre atento à(s) ideia(s) centra(is). O *desenvolvimento* deverá decorrer da *introdução* e deverá preparar a *conclusão*.

No trabalho de relacionar orações nos períodos, períodos nos parágrafos, parágrafos nas partes e partes no todo do texto você já sabe que tem nas palavras das classes relacionais (preposições e conjunções), nos morfemas gramaticais (pronomes adjetivos e advérbios) e nas outras palavras de referência excelente instrumento. O rigor dessas ligações vai determinar, por exemplo, a distribuição das informações nos parágrafos.

Na conclusão de um texto dissertativo você poderá valer-se de uma frase, de um parágrafo e mesmo de mais de um parágrafo. A conclusão deverá decorrer logicamente do desenvolvimento, ser significativa dentro do texto (isto é, não deve ser dispensável). Você deverá deixar no leitor a impressão de que disse tudo o que tinha para dizer, e mais, que disse tudo o que queria dizer.

Há muitas maneiras de concluir um texto. Você poderá, por exemplo:

1. retomar a ideia central, apresentando-a de maneira significativa em outras palavras;

2. sumariar os pontos essenciais desenvolvidos nos parágrafos da segunda parte;

3. enfatizar o significado de alguns pontos de vista do texto;

4. fechar o texto com uma história, uma citação que enfatize seus propósitos;

5. formular perguntas, deixando o tema em aberto para outras considerações.

Exercite o que aprendeu:

a) Escreva um parágrafo dissertativo sobre um jogo de futebol ao qual você tenha assistido ou ouvido pelo rádio ou sobre algum comentário que você tenha lido no jornal.

b) Faça uma dissertação com cinco parágrafos sobre um tema histórico (Independência do Brasil, Proclamação da República, Descobrimento da América, Revolução Francesa etc.). Procure definir o tema, ler sobre ele. Trace um plano, faça o rascunho e depois redija. Não se esqueça do título.

3. Recursos apropriados para a elaboração do texto dissertativo

No trabalho de organização do texto dissertativo você poderá valer-se de vários recursos, tais como:

3.1. analogia;

3.2. oposição ou contraste;

3.3. testemunho;

3.4. definição;

3.5. ilustração;

3.6. comparação.

Em um texto esses recursos talvez apareçam combinados, podendo ser identificados, apenas, em nível de parágrafos. Contudo, se a intenção do escritor é pôr em evidência, no texto, um desses recursos, deve, ao planejar as ideias, fazer com que o escolhido seja uma constante nos vários parágrafos.

Identifique, nos exemplos a seguir, cada um desses recursos:

3.1. Analogia

O texto analógico é aquele que, para facilitar a compreensão do assunto, é estruturado de modo a explicar algo desconhecido por meio de algo conhecido ou algo não-familiar por meio de algo familiar. Ex.:

A jaula

O homem vive em sua jaula. A jaula não é uma casa, um apartamento, um escritório, um quarto de hotel de luxo ou de pensão barata. A jaula é o próprio homem. Exígua ou ampla, pouco importa: jaula. E nela vivem, em estranha promiscuidade, as mais sanguinárias feras, as serpentes mais venenosas, os batráquios mais repugnantes, ao lado dos animais domésticos, os pássaros cancros, as aves da mais bela plumagem, os insetos mais deslumbrantes. O tigre e o chacal, o cão e o gato, o pavão e a andorinha, o beija-flor e o rouxinol, a borboleta e a mosca caseira, a cascavel e a pomba-rola, toda a arca de Noé, em suma, cabe nessa jaula secreta e obscura, que é a alma humana.

Poderíamos chamar os habitantes desse jardim-zoológico de instintos, sentimentos, emoções. Há instintos perigosos que dormitam a vida inteira, não chegam a praticar nenhum ato violento ou repulsivo, mas, às vezes, abrem um olho sonolento, rosnam surdamente e recaem em sua letargia. São leões rugindo, os lobos uivando.

Mais comum é ver-se o pavão abrir sua cauda em leque, dando um "show" multicolorido de vaidade, ou o papagaio fazer um discurso incoerente, repetindo fragmentos de sabedoria decorada, sem saber o que diz. É meio ridículo talvez, mas inofensivo.

Bela é a jaula-viveiro, cheia de gorjeios de pássaros e esvoaçar de borboletas, a alma dos puros, dos simples, dos amenos, encanto da vida, flor miraculosa da criação. Mas não se iludam: mesmo nestas, há sempre um tigre adormecido, ou uma serpente sonhando. O importante é não despertá-los[29].

3.2. *Oposição ou contraste*

Um texto cujo recurso empregado é a oposição ou contraste visa a explicar fatos, ideias, comparando-as e apontando-lhes as diferenças. Um texto, estruturado por meio de oposição, pode ser organizado das seguintes maneiras:

a) descreve-se o elemento comparante e, em seguida, os elementos comparados, apontando os contrastes;

---

29. Em *O Estado de S. Paulo*, 02/07/1974. Apud STARLING, José Nogueira et al., op. cit.

b) desenvolvem-se as ideias, comparando-as, ao mesmo tempo, e apontando os contrastes. Ex.:

Reprodutor supimpa

Incrível a reportagem final do "Fantástico" de domingo com João Domingos de Araújo.

Curioso o paralelismo de vivências proporcionado pela reportagem. Primeiro apareceu um "aplicador da lei": ar severo, cara dura, um óculos enorme a simbolizar as mil repressões que a vida lhe impôs. Citou artigos, códigos, parágrafos, princípios morais. Era a figura da rigidez, do "não", da ilusão moralista das chamadas classes dominantes. Um homem sério e de bem, isso é inobjetável! Mas de certa forma a representação da antivida: a que se codificou.

De outro lado, a figura do João Domingos, 65 filhos, árvore cheia de sementes que, soltas no ar, muito fecundaram. Talvez fora da lei certinha dos homens ou fora da moral convencional. Talvez responsável por colocar no mundo gente que não poderá criar, atender, amparar, não por culpa própria, mas por causa de haver miséria. Porém nele estuavam: sabedoria, alegria natural, sagacidade disfarçada, energia vital, simpatia, saúde, disposição, certeza de que o mundo é feito de mistérios demais para que a vida seja uma sucessão de proibições e "não podes" e "não deves". Adorável pecador! A representação da vida em suas contradições. Mas vida vivida! Com integridade, saúde e disposição. As sementes são soltas para a festa permanente da fecundação. Fecundam onde é possível e há condições[30].

3.3. Testemunho

Um texto que tenha como recurso o testemunho apresenta citações de opiniões ou de julgamentos de especialistas, de pensadores, de estudiosos de um assunto que nos tenham legado sua experiência. O testemunho pode confirmar ou contrariar uma opinião que esteja sendo desenvolvida. Ex.:

Pombos têm "bússola" no organismo

A capacidade de orientação dos pombos durante o voo se deve à existência, em seu organismo, de cristais de magnetite, a mesma substância utilizada na fabricação das primeiras bússolas. Esta surpreendente revelação foi feita recentemente por um grupo de cientistas americanos que encontraram vestígios de magnetite no organismo dos pombos.

Muitos cientistas, porém, acham que os testes realizados não foram suficientemente convincentes e reconhecem que o homem ainda não conseguiu explicar de forma definitiva o que dá aos pássaros essa capacidade de orientação durante o voo.

Segundo os cientistas, isso pode estar ligado a vários fatores, entre os quais a direção do sol. Experiências realizadas recentemente demonstraram que os pássaros submetidos a um

---

30. TÁVOLA, Artur. Em O *Globo*, 23/04/1980.

pôr de sol artificial, dentro de um ambiente fechado, oito horas antes do verdadeiro poente, ao serem soltos, ficam desorientados e não encontram seus ninhos.

No entanto, dizem os cientistas, os pássaros se utilizam de outros instrumentos para sua orientação, do contrário não conseguiriam encontrar o ninho durante a noite.

Outro fator de orientação dos pássaros que está sendo estudado são os sons de baixa frequência que, segundo os cientistas, são captados pelos pombos. De acordo com os cientistas, esses pássaros utilizam sua habilidade de captar sons de baixa frequência para detectar sons característicos do lugar onde se encontra seu ninho e assim conseguem orientar seu voo.

Depois que foram encontrados vestígios de magnetite no organismo dos pombos, os cientistas realizaram testes para tentar estabelecer até que ponto esses pássaros reagem de modo semelhante a uma bússola e essas pesquisas mostraram alguns resultados incríveis.

Quando soltos em locais onde há as chamadas "anomalias magnéticas" – variações naturais do campo magnético da terra – os pombos, exatamente como as bússolas, perdiam seu senso de direção.

Apesar dessa prova, alguns cientistas ainda duvidam de que os pombos carreguem verdadeiras bússolas em seu organismo e alegam que outras variações, como a direção dos ventos ou a pressão barométrica, podem ter perturbado os pássaros durante os testes[31].

---

31. Em O *Globo* 10/06/1960.

3.4. Definição

A definição, como recurso para a elaboração de textos, exige que o redator se valha de outros recursos para compor o produto final. Assim sendo, a ilustração, a comparação, o contraste ou a analogia são recursos que subsidiam um texto estruturado por meio da definição.

O que faz com que ela possa ser considerada um recurso é que todas as ideias convergem para responder à pergunta: "O que isso significa?"

Pode-se começar pela definição da palavra-chave do tema, por sua etimologia, por sua acepção vulgar, por sua acepção técnica, ou pode-se explorar sua ambiguidade. Ex.:

Será que existe um branco mais branco do que o branco?
Quem anda assistindo à televisão, verifique que dois sabões em pó estão fartamente anunciados no vídeo: o indefectível "Orno" e o "Viva", marca mais recente e que vai ver é da mesma empresa multinacional do Orno, pois, como o leitor sabe, uma das estratégias de "marketing" de certos produtos é forçar uma outra marca "concorrente", que pertence ao mesmo fabricante...
O problema da concorrência do "Orno" com o "Viva" refere-se ao grau do branco. O estudo de Roland Barthes mostra

como faz parte da estratégia publicitária dos sabões em pó atribuir certas propriedades, digamos "adjetivas", ao branco. [...]

Sim, se alguém definir o branco vai dizer ser ele um estado de total reverberação de luz. O estado de brancura já é, em si, um estado total. O branco é um extremo da escala cromática. O estado de branco já indica uma plenitude. Nada há de branco, além do branco.

Pois a publicidade descobriu, vejam só, o branco mais branco! Depois evoluiu para o branco "total". Não satisfeita com tal exaltação do branco adicionou-lhe o "cheirinho de limpeza" (vide a atual propaganda do "Viva") onde "mais branco é impossível". Mas a coisa não parou por aí e quem tem acompanhado a peregrinação daquela "prova da janela" pelo Brasil afora vai verificar que, ao branco "total" do "Orno", uma nova qualificação foi acrescentada: a radiação, pois o anúncio atual fala em "branco total radiante". Não lhe bastou ser branco (estado, por si, integral); virou branco "total". Mas como branco total poderia ser pouco frente ao "mais branco impossível com cheirinho de limpeza" do "Viva", eis que surgiu o "branco total radiante". Afinal: é ou não possível "mais branco"? Um anúncio diz que sim. O Outro diz que não.

Radiante! Que palavra genial descoberta pelos publicitários. As cargas imprecisas (aparentemente) desta palavra dão um valor objetivo e qualificativo a um branco que já era total: radiante! A gente conhece a expressão radiante de alegria, isto é, iluminado, irradiando e/ou refletindo luz. Ser radiante já empresta ao branco uma nova propriedade, buscando-lhe uma associação com a alegria, o êxito, a transmissão de uma sensação de luz, de glória. Aleluia! Que tal o branco êxtase? Aleluia!

Se a gente quer manter sempre acesa a consciência crítica das coisas, precisa refletir sobre os processos que influem em nossa emoção, principalmente aqueles – como a publicidade – inteligentemente conduzidos para espicaçar os nossos gostos, vontades, impulsos e desejos mais remotos. Sem dúvida, a opção entre o "cheirinho de limpeza" daquele sabão que dá a sua palavra de honra que "mais branco é impossível" e o branco que além de "total" é "radiante", é uma opção muito difícil. A maquiavélica (no bom sentido do termo) descoberta de que "cheirinho de limpeza" é realmente sedutor se choca com as fantasias em nós despertadas pelas características "radiantes" de um branco que já era total [...]

Dessa maneira, o que antes era só branco (já uma grande vitória de qualquer detergente), ficou branco total e agora já é branco total radiante. Pelo visto, com a concorrência, vai continuar recebendo sobrenomes, como aqueles nobres de antigamente. Ao chegar no ano 2000 será, talvez, branco-total radiante-sabor morango-reluzente-estupefaciente-insinuante-percuciente-lúcido-penetrante-iluminado-acariciante-benfazejo-bem-querido-malemolente-com gosto de Brasil-envolvente-irisado-terno-carinhoso-sugestivo-diligenite-expressivo-divinatório-exclusivo-refulgente-natural.

Aí os publicitários se reunirão para discutir o excesso de adjetivos para aquilo que, afinal de contas, é apenas tudo o que o "significado" branco contém. E resolverão ficar somente com a expressão branco, sintética, condensada, substantiva, precisa, concisa, com todos os significantes já contidos dentro dela.

Aí tudo começará de novo e novos "qualificativos" serão inventados para estender e esticar um conceito que em si já diz tudo, porque assim como uma rosa é uma rosa, uma rosa, uma rosa; um branco é um branco, um branco.

A menos que me tenha dado branco e eu não entenda mais nada. Branco total: radiante[32].

3.5. Ilustração

Um texto ilustrativo é aquele que apresenta a ideia central, explanada por meio de exemplos bem escolhidos que sejam pertinentes e convincentes. Dados estatísticos também fundamentam e concretizam as ideias abstratas. Ex.:

O bode: antes de tudo um forte

Introduzido no Brasil pelos colonizadores portugueses, o bode europeu sofreu, aqui, várias mutações genéticas que o tornaram capaz de sobreviver até mesmo a longos períodos de seca na caatinga nordestina. Robusto, ágil, pouco exigente com alimentação e água, ele se assemelha, em muitas de

---

32. TÁVOLA, Artur. Em O Globo, 19/04/1978.

suas características, ao homem do sertão. Essa adaptabilidade fez do bode uma espécie de "estepe" na economia do nordestino: criado à solta, cuidando de encontrar sua própria alimentação entre folhas, galhos e casca de árvores, constitui o recurso para as horas difíceis; carne para a família e pele para a venda. Para dimensionar a importância desta pecuária extensiva nas zonas semiáridas, basta lembrar que Canudos – núcleo da ação rebelde liderada por Antônio Conselheiro na primeira república, que chegou a ser a segunda cidade baiana em população – teve como uma de suas principais bases econômicas a exportação da pele de bode para o mercado inglês, através do comércio de Juazeiro.

Hoje pode-se dizer que, através dos séculos, o bode naturalizou-se nordestino: pelo menos três raças, com características marcantes, já estão classificadas (Moxotó, Canindé, Marota) e outras estão em estudo. Figura tão ou mais comum que a humana na paisagem nordestina, confunde-se, às vezes, com o carneiro (semelhante, porém menos resistente), no seu constante movimento, garimpando folhas verdes entre a vegetação. Diversamente do boi, o bode não é condicionado a comer de cabeça baixa, o que amplia em muito suas possibilidades de encontrar alimento fora das pastagens, no caso do sertão, muitas vezes, inexistente.

Não há exagero em dizer que o sertanejo nutre pelo bode grande carinho e gratidão, o que talvez explique a intenção de alguns habitantes do município de Uauá, o de maior concentração caprina na Bahia, de rebatizar a cidade com o nome de "Bodolândia". Uma gratidão de quem sente de perto a miséria legada pelas longas e frequentes secas é o efeito paliativo da presença do bode[33].

3.6. Comparação

Um texto que apresenta como recurso a comparação procura aproximar os elementos que estão sendo comparados por meio do que eles têm de semelhante. Tais semelhanças são reais, sensíveis, expressas numa forma verbal própria em que entram normalmente os chamados conectivos de comparação (tão, como, do que, tal qual), substituídos, às vezes, por expressões equivalentes (parecer, lembrar, assemelhar-se).

Muitas vezes um dos elementos da comparação não é colocado explicitamente, já que é amplamente conhecido pelo grupo social. Ex.:

Cientista estuda símios para entender os políticos
O Professor Roger Masters, da Universidade de Darthmouth, acaba de desenvolver uma curiosa teoria sobre as chances de êxito em uma campanha presidencial, com base no estudo dos gestos e dentes dos candidatos. Além disso, o catedrático de Ciências Políticas encontra, no comportamento dos símios, fatores que ajudam a explicar certos rituais de políticos e eleitores.

---

33. Em O *Globo*, 11/01/1981.

Com a ajuda de um computador, Masters analisa os efeitos da conduta física – expressões faciais, maneirismos, postura em pleito. Na opinião do professor, o comportamento visual é parte muito importante da evolução da imagem do político como dirigente, e, após a eleição, contribui para que mantenha o domínio sobre os que o cercam.

Para o catedrático, ao lado dos que escolhem um candidato pela ideologia, há um grande número de votantes que usam apenas a intuição para procurar nele qualidades de líder, e é aí que a "imagem" pesa nos resultados. Masters recomendou, inclusive, ao independente John Anderson, a quem deu assessoria, que evitasse ter "uma aparência submissa".

A capacidade de domínio é comunicada de muitas formas, e uma delas é através dos dentes, conforme explica o professor: "Se examinarmos fotos de políticos verificaremos que o indício de domínio está presente no fato de que tanto os dentes superiores como os inferiores são visíveis. Trata-se de um sinal de ira ou alegria, mas de qualquer modo de intensidade de conduta".

Um outro caso: "Os indivíduos se congregam em uma atmosfera 'carnavalesca', exibem grande excitação, saúdam-se ruidosamente uns aos outros, e concentram sua atenção no indivíduo que mais se destaca, antes de se dispersarem". Como observa Masters, poderia ser uma descrição de uma convenção partidária, no entanto é apenas a narrativa de um encontro de bandos de chimpanzés [...]

Lembrando que se deve ter em conta as características animais do homem, Masters afirma que grande parte do que ocorre em uma campanha política é estritamente biológico, uma comunicação não-verbal de ritos e posturas, pelos quais o candidato chama a atenção para sua pessoa. Assim, procura apresentar-se como um indivíduo mais importante, mais apto a exercer a liderança – tal como a fazem os macacos.

Como os meios de comunicação são uma das principais formas usadas pelos que aspiram ao poder para "chamar a atenção", o professor Masters tem examinado centenas de fotos de políticos em revistas e jornais[34].

---

34. Em O *Globo*, 25/08/1980.

Segunda Parte

V
Sintaxe de construção

Frase fragmentada é um pedaço de frase, resultante de má pontuação. Vejamos um exemplo:

"Emerson Fittipaldi voltou a treinar com o seu novo carro. Apesar do fraco desempenho da última corrida que o deixou em 20° lugar".

Há neste exemplo duas orações:

1ª *oração:* "Emerson Fittipaldi voltou a treinar com o seu novo carro" – esta é uma oração (composta de sujeito e predicado) que apresenta sentido completo; constitui, portanto, uma frase íntegra.

2ª *oração:* "Apesar do fraco desempenho da última corrida que o deixou em 20° lugar" – esta oração, para ter sentido, precisa relacionar-se à oração anterior. Ela sozinha constitui apenas um "pedaço" de uma informação.

Esta oração (a 2ª) apresenta no início um adjunto adverbial.

Veja:

a) "Apesar do fraco desempenho da última corrida" – é um adjunto adverbial de concessão em relação à 1ª oração e não admite, portanto, um ponto entre ele e a oração. Caso leve ponto, torna-se um fragmento de frase.

b) "... que o deixou em 20º lugar" – é uma oração que só se completa se inserida no período, porque o pronome relativo exige um antecedente. Caso esta oração seja pontuada inadequadamente, ela resultará em um fragmento de frase.

Uma vez identificado o fragmento de frase, podemos corrigi-lo:

a) Ligando-o à frase a que pertence, por meio de pontuação adequada: "Emerson Fittipaldi voltou a treinar com o seu novo carro, apesar do fraco desempenho da última corrida que o deixou em 20º lugar".

b) Dando uma nova redação à frase, sem deixar, contudo, de observar a pontuação:

1. "Apesar do fraco desempenho da última corrida que o deixou em 20º lugar, Emerson Fittipaldi voltou a treinar com o seu novo carro".

2. "Embora tivesse apresentado, na última corrida, um fraco desempenho que o deixou em 20º

lugar, Emerson Fittipaldi voltou a treinar com o seu novo carro".

3. "Emerson Fittipaldi, apesar do fraco desempenho da última corrida que o deixou em 20º lugar, voltou a treinar com o seu novo carro".

c) Transformando o fragmento de frase em frase completa:

"Emerson Fittipaldi voltou a treinar com o seu novo carro. Na última corrida, Emerson apresentou um fraco desempenho que o deixou em 20º lugar".

Treine:

Reescreva o texto abaixo, corrigindo-o e transformando-o em uma única frase.

"Às três da madrugada de domingo. Enquanto a cidade dormia tranquilizada pela vigilância tremenda do Governo Provisório, foi o Largo do Paço teatro de uma cena extraordinária. Presenciada por poucos, tão pungente, quanto foi simples e breve".

A construção de uma frase obedece a estas ordens:

a) *Ordem sintática*

Resulta da disposição dos elementos na frase, segundo sua função sintática:

(a) sujeito + (b) verbo + (c) atributo ou complemento + (d) circunstâncias. Esta é a ordem direta, característica da língua portuguesa.

Exemplo:

(a) Esmeralda de Jesus Freitas (b) ganhou (c) uma das cinco medalhas de ouro (d1) no Campeonato Sul-Americano de Atletismo-menores (d2) em Quito.

A ordem inversa é um recurso constante na língua, pois é por meio dela que se pode dar mais ênfase às ideias. Caracteriza-se por apresentar qualquer termo sintático fora de sua posição normal.

Vejamos alguns esquemas para se obter ordem inversa. Aproveite cada esquema dado e reescreva a frase acima em ordem inversa. Atente para o emprego da vírgula[35].

d1 + d2 + a + b + c

d2 + d1 + a + b + c

a + d1 + d2 + b + c

a + b + d1 + d2 +c

a + b + d2 + c + d1

---

35. Veja o capítulo seguinte.

b) *Ordem lógica*

Resulta da disposição das palavras na frase, segundo a importância das ideias. É uma maneira de dar ênfase à estrutura que se quer pôr em relevo, dentro do período.

Exemplo:

1. Se se quiser dar maior ênfase à inauguração da obra, no trecho abaixo, o período deverá ser redigido de modo que a estrutura em ênfase apareça no início da frase:

"Foi inaugurado, há alguns dias, pela prefeitura, o canil modelo municipal, considerado obra indispensável para a melhoria das condições sanitárias de Manaus".

2. Se se quiser dar ênfase ao canil, a redação será:

3. Se se quiser dar ênfase ao tempo de inauguração, a redação será:

4. Se se quiser dar ênfase à importância da obra:

5. Se se quiser dar ênfase à prefeitura:

Muitas vezes a ordenação lógica da frase exige a presença de um *pronome relativo*. Para evitar confusões o pronome relativo deve colocar-se imediatamente depois de seu antecedente.

Exemplos:

1. *Errado*

Podem comer merenda escolar gratuita os alunos cujos pais são carentes de recursos e que não possuem condições de alimentarem-se em casa.

2. *Certo*

Podem comer merenda escolar gratuita os alunos que não possuem condições de alimentarem-se em casa e cujos pais são carentes de recursos.

Treine o encaixe de pronome relativo.

1. Reúna as orações de cada grupo abaixo num só período, convertendo a segunda oração em subordinada adjetiva introduzida pelos relativos. Há casos em que é necessário colocar preposição.

1.1. Foi detectada por astrônomos da Universidade da Califórnia a explosão de uma estrela gigantesca. A explosão pode produzir um buraco negro, espécie de abismo gravitacional no espaço. Nem a luz pode escapar do abismo gravitacional no espaço.

1.2. A exposição em homenagem ao humorista J. Carlos fez parte das festas. A exposição foi organizada pela Propaganda Estrutural. A exposição teve patrocínio da Servenco. A exposição teve produção da Lithos. As festas comemoraram o centenário de nascimento do famoso caricaturista.

1.3. Durante o período, Inês, professora de ginástica, aprendeu tudo sobre o corpo. No período, estudou na Europa.

1.4. Restos de seres humanos esquartejados foram encontrados em uma caverna. Os restos atestam antropofagia pelos homens de Neanderthal. Pela caverna transitavam homens da idade da pedra.

2. Complete os períodos abaixo com orações subordinadas adjetivas que se coordenem:

2.1. O álcool é um combustível que mas que

2.2. A Nova Constituição brasileira será uma lei que ou que

2.3. "Videogame" é um jogo eletrônico que e que

c) *Ordem harmoniosa* (harmonia na colocação da ideia)

A falta de harmonia decorre do emprego abusivo de expressões coloquiais entre as ideias do texto.

Para se obter harmonia na frase devem ser evitadas construções como:

1. No que diz respeito à minha pessoa, eu respondo impetuosamente... (No que tange... Destarte... etc.).

2. Em lá chegando ainda encontrei todos reunidos.

Em vez das construções anteriores, devemos usar:

1.1. Eu respondo por mim (ou pelos meus atos).

2.1. Quando lá cheguei, ainda encontrei todos reunidos (ou Ao chegar lá, ainda encontrei todos reunidos).

O uso abusivo de gerúndio também prejudica a harmonia da frase.

Vejamos o exemplo seguinte:

"Continuando a ser feminina, cuidando sempre de sua aparência, saúde e boa conduta, contribuindo assim para o enriquecimento espiritual e material da família, tornando seu mundo bem mais humano, cheio de alegria".

Neste exemplo, o exagero no emprego do gerúndio prejudicou a clareza e a boa construção da frase, porque:

1. criaram-se desnecessariamente quatro fragmentos de frase;

2. esqueceu-se da oração principal, consequentemente não se sabe de quem se está falando;

3. camuflou-se o sentido da frase, comprometendo-se, desta forma, a mensagem.

Para empregar-se corretamente o gerúndio, é fundamental que se saiba que ele expressa simultaneidade de ação com outro verbo.

Exemplos:

1. O pintor trabalhava assobiando.

2. Durante muito tempo, ele vagou pela rua pedindo esmolas.

3. Entrou no palco cantando.

Em todas as três frases acima há ação simultânea:

1. assobiava ao mesmo tempo que trabalhava;

2. pediu esmolas enquanto vagou...

3. cantava ao mesmo tempo que entrava...

Nas frases seguintes, o emprego do gerúndio está incorreto porque não há simultaneidade de ação:

1. O foguete foi lançado ontem, entrando felizmente na órbita prevista.

2. O médico recebeu o telefonema, dirigindo-se imediatamente para a casa do paciente.

As ações não são simultâneas, pois:

1. o lançamento do foguete e a entrada na órbita não são simultâneos;

2. o recebimento do telefonema não foi feito a caminho.

De que maneira poderemos escrever estas frases sem que apresentem erros de construção?

Reescreva-as:

Note que, quando usado com valor estilístico, o gerúndio pode surtir efeitos agradáveis, como neste exemplo de publicidade:

"Arrancando, correndo, brecando, desviando, reduzindo. É preciso muita garra para enfrentar o dia a dia". (Propaganda de um pneu X.)

Vejamos o que nos dizem Gladstone Chaves de Melo e Rodrigues Lapa a respeito do gerúndio:

"O gerúndio é intemporal e aspectualmente durativo. Constitui, por isso, importante recurso estilístico, válido à medida que é bem empregado gramaticalmente [...] Muitas vezes os autores não sabem bem que fazer dessa forma verbal e usam-na a torto e a direito, principalmente, a torto, deixando tudo no ar, no vago, no inacabado"[36].

"Não abusemos do gerúndio, mas não hesitemos em empregá-lo, sempre que o reconheçamos superior a outros modos de escrever"[37].

Para concluir este nosso estudo, podemos verificar que as conjunções são elementos importantes para o estabelecimento de conexão entre as ideias. A ausência da conjunção gera frase fragmentada.

---

36. MELO, Gladstone Chaves. *Ensaio de estilística da língua portuguesa.* Rio de Janeiro: Padrão, 1976, p. 171.

37. RODRIGUES LAPA, M. *Estilística da língua portuguesa.* Rio de Janeiro: *Acadêmica*, 1970, p. 164.

Vejamos um exemplo:

Próximo à barragem do Rio Descoberto, a terra está-se tornando ponto de atração. A terra pega fogo. Pode-se assar uma batata em poucos minutos. Diversas pessoas, curiosas com o fato, chegaram até a cavar o chão em busca de uma explicação.

Reescreva o trecho, transformando-o em uma única frase, por meio da inserção de conectivos.

Treine mais:

Utilize-se dos fragmentos de frase e das orações e elabore períodos completos (frases íntegras), por meio da inserção de conjunções.

1. Cada cidadão motorizado se conscientizasse de que o passeio é do pedestre. Os motoristas respeitassem as posturas legais, não invadindo faixas destinadas a veículos específicos. O caos urbano da cidade seria reduzido à metade.

2. Os poucos japoneses não são capazes de vestir o quimono da maneira correta. Os poucos japoneses têm condições financeiras para comprá-lo. Vestir o quimono é uma verdadeira arte.

3. A abelha-rainha vive em média cinco anos. Ao morrer, as próprias operárias escolhem uma larva de

até três dias para substituí-la. A larva é alimentada com geleia real.

4. As televisões façam grande esforço para defender e potencializar os valores brasileiros. Não existem condições reais para impedir a veiculação de "enlatados". A influência das multinacionais é muito grande.

VI
A vírgula
no contexto sintático

A vírgula assume grande relevância na marcação de pausas sintáticas na frase.

Para que se compreenda o real valor do emprego da vírgula, deve-se reconhecê-la como um sinal e com as funções distintas de:

a) *separar* termos dentro do período;

b) *isolar* termos intercalados (ou seja, fora de sua posição normal) dentro do período.

Tanto para separar quanto para isolar elementos, a vírgula assume configuração específica a cada emprego.

Ao *separar* elementos, normalmente de mesma função sintática, a vírgula deve ser interpretada como uma só, mesmo que se faça necessário usar duas ou três etc. Assim:

1. Pedro estuda matemática, física e inglês, ou

2. Pedro estuda matemática, física, inglês e francês.

As vírgulas empregadas para separar matemática de física e física de inglês devem ser interpretadas como vírgulas individuais que serão tantas quantos forem os elementos da enumeração.

Ao *isolar* elementos, a vírgula deve ser interpretada como uma dupla |,, | que não pode desfazer-se, sob pena de transformar-se em sinal de separação. Exemplo:

Maradona, quando recebeu o troféu, beijou-o solenemente.

Se se cometer o deslize de colocar a vírgula somente após Maradona, esta estará separando o sujeito do resto do período, consequentemente, do seu predicado beijou-o ...; o mesmo raciocínio vale para o erro de colocar-se a vírgula apenas depois de troféu. Em síntese, pode-se dizer que a circunstância temporal intercalada entre o sujeito Maradona e o predicado beijou-o solenemente deve ficar isolada, já que se encontra fora de sua posição normal, que é ao final do período. Entenda-se a vírgula dupla como se fora parênteses e aí não haverá erro, pois ninguém abre parênteses sem fechá-lo, mas não se queira substituir a vírgula por parêntese, uma vez que este tem uso específico e aquela também.

É fato que, muitas vezes, uma vírgula que isola tem o "ar" da que separa, como no exemplo:

Esmeralda Freitas, no Campeonato de Atletismo-menores, em Quito, ganhou uma medalha de ouro.

As vírgulas da frase são assim analisadas:

a) as vírgulas de após *Freitas e* de após *menores* são duplas, pois isolam a circunstância de lugar;

b) as vírgulas de após *menores e Quito* são duplas, pois isolam outra circunstância de lugar;

no entanto, pode-se querer entender a vírgula de após menores como que separando uma circunstância de outra, o que parece, mas não é verdadeiro. Utilizem-se parênteses, em vez de vírgulas, e veja-se o resultado:

Esmeralda Freitas (no Campeonato de Atletismo-menores) (em Quito) ganhou uma medalha de ouro. E não:

Esmeralda Freitas (no Campeonato de Atletismo-menores em Quito) ganhou uma medalha de ouro.

Ora, se ocorre duas vezes abertura e fechamento de parênteses é porque deve ocorrer duas vezes o mesmo com a vírgula, porém não se colocam duas vírgulas, uma ao lado da outra imediatamente, para fins de abertura e fechamento de pausa, o que hipoteticamente seria assim:

Esmeralda Freitas, no Campeonato de Atletismo-menores,, em Quito, ganhou uma medalha de ouro.

Infere-se, pois, que duas vírgulas imediatas passam por um fenômeno como o da crase e resultam em uma só com dupla interpretação: fecha o isolamento do termo anterior e, ao mesmo tempo, abre o isolamento do termo seguinte.

O emprego da vírgula, na língua portuguesa, quer para separar termos, quer para isolá-los, ora baseia-se em regras sintáticas, ora em aspectos enfáticos. Para que se desfaça qualquer confusão, relacionamos seus empregos:

a) Apoiada em regras sintáticas, emprega-se a vírgula para *separar:*

1. Vários sujeitos, vários predicados, vários objetos, vários adjuntos ou várias orações assindéticas:

• Pai, mãe, filhos e avós foram à[38] Igreja rezar.

• Paulo pegou a chave, ligou o carro, despediu-se da família e desapareceu.

• Meu irmão chegou ontem, às 17 horas.

2. Estruturas sintáticas paralelas de provérbios:

• Quem tudo quer, tudo perde.

• Em terra de cego, quem tem um olho é rei.

---

38. Ler sobre crase no capítulo seguinte.

b) Apoiada em aspectos enfáticos, emprega-se a vírgula para *separar:*

1. Orações coordenadas, em especial, as adversativas e as conclusivas:

- Não tem dinheiro, mas o pouco que tem aplica em letras.

- O que você diz não se escreve, portanto sai de minha frente.

2. Orações subordinadas, em especial, as consecutivas, comparativas, as reduzidas de gerúndio e de particípio:

- O torcedor gritou tanto, que ficou rouco.

- O cachorro agradava a visita, lambendo-lhe as mãos.

3. Nome de localidades em datas:

- Brasília, 30 de junho de 1986.

4. Número de documentos da data de expedição:

- Lei nº 2.418, de 15 de janeiro de 1986.

c) Apoiada em regras sintáticas, usa-se a vírgula para *isolar:*

1. Orações adverbiais, orações reduzidas, adjuntos adverbiais, intercalados, já que a posição normal destes elementos é no final da frase:

• O atleta, na partida de futebol, quebrou o braço.

• O pediatra, embora tivesse razão, ouviu pacientemente a reclamação dos pais da criança.

2. O aposto:

• Marcos Aurélio Freitas, deputado federal, terá o seu projeto votado.

3. O vocativo:

• Saibam, senhores cursistas, a verdade sobre a situação.

4. Conjunções (mas, porém, logo, pois etc.) deslocadas para o meio da oração que introduzem:

• Ele disse que não vira o amigo naquela sala, a verdade, porém, veio à tona.

5. Orações adjetivas explicativas:

• O Brasil, que é nossa pátria, merece tudo de nós.

d) Apoiada em aspectos enfáticos, usa-se a vírgula para *isolar:*

1. Certas expressões, como *isto é*, *por exemplo*, *ou seja*, *a saber*, *inclusive* etc.

• Os mitos narram a história do sagrado, isto é, de coisas concernentes à religião, aos ritos, ao culto.

USOS ESPECÍFICOS DA VÍRGULA

a) Emprega-se a vírgula, na frase, para indicar a elipse de um termo:

• Eu viajo para Manaus e tu, para Belém.

b) Antes de *etc.* a vírgula não deve ser usada, pois a expressão latina *et cetera* significa "e mais", "e outros". Modernamente, contudo, o sentido diacrônico da expressão esvaziou-se e têm-se feito frequente uso desta pontuação antes de *etc.*

• O aniversário do clube será comemorado com jogos, gincanas, shows etc.

c) O adjunto adverbial intercalado exige vírgula; no entanto, quando este se constituir de uma palavra ou de locução, o emprego da vírgula se faz livre, exceto com *sim* (que exige a vírgula) e com *não* que a rejeita, por questões semânticas. Ex.:

• Eu não vou à festa, (negativa)

• Eu, não, vou à festa, (afirmativa)

d) Empregos especiais da vírgula com *e* ou *ou*.

1. O emprego da vírgula *antes* do *e*.

1.1. Separam-se as orações sindéticas aditivas iniciadas por *e* quando tiverem sujeitos diferentes:

• Veio o dia do desfile, e a jovem vestiu-se como uma rainha.

2. Vírgula *depois* do *e*.

2.1. Quando seguido de uma intercalação:

- Jorge foi aprovado e, por isso, ganhou um carro.

3. Vírgula *antes* e *depois* do *e*.

3.1. Quando houver sujeitos diferentes e intercalação depois do e:

- Carlos ganhou uma viagem para São Paulo, e, porque ganhou o primeiro prêmio, João viajou para o exterior.

4. Vírgula antes de *ou*.

4.1. Quando o *ou* estiver repetido, indicando alternativa ou retificação do pensamento:

- Ou faz o curso completo, ou tranca a matrícula[39].

---

39. Os conceitos emitidos neste capítulo são de total responsabilidade da autora.

VII
Conversando sobre crase

Crase, palavra originariamente grega, significa fusão de dois sons vocálicos contíguos. O latim absorveu este fenômeno e, na passagem do latim popular para o português, palavras como Sede > See > Sé ou legere > leer > ler, ao perderem os fonemas consonantais mediais, aproximam os dois sons vocálicos idênticos, os quais resultam em crase.

No português atual, crase é também fusão de dois sons idênticos, restringida tão somente às seguintes regras básicas:

a) fusão da preposição a + a(s) artigo definido feminino;

b) fusão da preposição a + a(s) pronome demonstrativo feminino. Este a, no singular ou plural, normalmente antecede o pronome relativo ou a preposição de. Na verdade, trata-se de um equivalente ao pronome demonstrativo aquela(s);

c) fusão da preposição + a inicial de aquela(s), aquele(s), aquilo.

Para que ocorra crase é necessário haver um termo regente que exija presença da preposição a, por um lado e, por outro, um termo regido, que é uma palavra feminina antecedida do artigo definido feminino no singular ou no plural. Só assim pode haver contiguidade de sons e, consequentemente, crase.

Ouve-se com frequência dizer-se que em tal frase ocorre a craseado. Entende-se, imprecisamente, como a craseado aquele marcado com o acento grave. Ora, o a é craseado se tiver sofrido fusão de sons e, em decorrência disso, leva a marca gráfica, que é o acento grave. Aliás, é essa a única função, atual, desse acento.

Assim sendo, convém distinguir o uso do acento grave em duas situações distintas:

a) o uso do acento grave para marcar que sons contíguos passaram por crase. Neste caso, ele marca um fenômeno resultante de regência;

b) o uso do acento grave para marcar locuções femininas e expressões que indicam hora, em que, na história da língua, o acento cristalizou-se. Neste caso, em uma análise sincrônica, o acento não marca fenômeno resultante de regência, logo, o a acentuado não sofreu crase.

Com base nas informações anteriores, podem-se interpretar, sob o ponto de vista regencial, as regras que determinam os usos obrigatório e facultativo e, também, os casos especiais do acento grave, marcador da crase:

a) USO OBRIGATÓRIO

Resultante de regência:

1. Termo regente seguido de preposição a + a(s) artigo definido que antecede o substantivo feminino, como em:

• Recomendou-se à (a + a) secretária uso correto da máquina.

2. Termo regente seguido de preposição a + a(s) artigo definido que antecede o pronome possessivo substantivo feminino, como em:

• Para o trabalho, aceitou sua irmã, mas fez objeção à (a + a) minha.

3. Termo regente seguido de preposição a + a(s) pronome demonstrativo substantivo feminino, como em:

As observações eram muitas. O rapaz esteve alheio às (a + as) que lhe diziam respeito.

4. Termo regente seguido de preposição a + a dos pronomes demonstrativos aquela(s), aquele(s), aquilo, como em:

- Dirigi-me àquele (a + aquele) professor com o intuito de elogiá-lo.

Acento grave cristalizado:

1. Nas locuções – prepositivas, adverbiais e conjuntivas – femininas, como em:

- Estive no garimpo à procura de ouro.
- Fábio faz gol à maneira de Pelé. Esta mesma frase pode ser usada eliminando-se o substantivo e a preposição maneira de, contudo o a acentuado permanece: Fábio faz gol à Pelé.
- À noite, a temperatura é mais agradável.
- Geme, à medida que sente dor.

2. Nas expressões numéricas que indicam hora, como em:

- Pegou o avião à uma hora da tarde.
- Sairemos às três horas para a Universidade.

b) USO FACULTATIVO

1. Termo regente seguido de preposição a + a artigo definido que antecede o nome próprio feminino, como em:

- Remeti os documentos à (a + a) Rita.

ou

Termo regente seguido de preposição a + nome próprio feminino não antecedido de artigo como em:

- Remeti os documentos a (a + Ø) Rita.

2. Termo regente seguido de preposição a + a(s) artigo definido que antecede o pronome possessivo adjetivo, como em:

- O sol das 11 horas é prejudicial à (a + a) sua filha.

ou

Termo regente seguido de preposição a + pronome possessivo adjetivo não antecedido de artigo, como em:

- O sol das 11 horas é prejudicial a (a +Ø) sua filha.

3. Com a expressão até a + a(s) artigo definido que antecede um substantivo, como em:

- Chegou até às (a + as) raias da loucura.

ou

Com a expressão até a + substantivo não antecedido de artigo, como em:

- Chegou até a (a + Ø) beira do abismo.

ou

Com a preposição simples até + artigo definido que antecede um substantivo, como em:

- Chegou até a (Ø + a) beira do abismo.

c) CASOS ESPECIAIS

Os casos considerados especiais inserem-se, na verdade, na regra geral, a saber, termo regente que exija preposição a + a(s) artigo definido feminino que antecede um substantivo.

O que há de especial nesses casos é que as regras exigem interpretação morfossemântica para serem melhor compreendidas, pois, além de os termos regentes e regidos possuírem sons contíguos próximos, é necessário que o termo regido venha acompanhado de determinante, como em:

- Irei à (a + a) Casa dos *Parafusos.*

↓

determinante de Casa

- Referi-me à (a + a) Copacabana *de meus sonhos.*

↓

determinante de Copacabana

- Chegamos à (a + a) terra *de nossos avós.*

↓

determinante de terra

Para concluir esta nossa conversa tratemos de regência e oposição de sentido. Há diferença de sentido entre frases se o termo regente vier ou não seguido de preposição.

1. Quando o termo regente exige preposição a + a(s) artigo definido que antecede um substantivo, a frase apresenta um sentido, como em:

- Bati à (a + a) porta da vizinha.
- Marta deu à (a + a) luz uma bela menina.

2. Quando o termo regente não se faz seguir de preposição, mas somente do artigo definido que antecede o substantivo, a frase apresenta outro sentido, como em:

- Bati a (Ø + a) porta de minha casa.
- A operação de córnea deu a (Ø + a) luz aos olhos da criança.

3. Quando o termo regente não se faz seguir de preposição, bem como não ocorre artigo diante do substantivo, a frase apresenta outro sentido, como em:

- Está acostumada a bater Ø (Ø + Ø) rua.
- A beleza de Luísa deu Ø (Ø + Ø) luz ao ambiente.

VIII
Temas sugeridos para redação

Os temas seguintes, adaptados de textos sobre o assunto, servem como sugestões para elaboração de redações paralelas no decorrer do curso.

Antes de redigir convém:

a) fazer leitura sobre o tema a ser trabalhado;

b) planejar o texto, atentando para os itens a serem argumentados;

c) escolher, entre dois, o recurso que melhor se adapte ao desenvolvimento de um bom texto;

1. Disserte sobre: "Os problemas do meio ambiente e dos recursos naturais só serão equacionados em termos de planejamento global, atingindo as esferas social, política, econômica e educacional".

Argumente:

• a Mata Atlântica como espécie endêmica;

• a relação chuva e relevo;

• os programas de extensão universitária como política educacional salvadora de espécies de seres vivos.

Recurso: ilustração ou comparação

2. Disserte sobre: "O corte no dispêndio dos gastos governamentais como forma de reduzir o déficit parece, em princípio, equivocada".

Argumente:

- o déficit como distorção da economia brasileira;
- o ajuste da economia brasileira aos interesses norte-americanos;
- a linearidade da linha de atuação do FMI.

Recurso: testemunho ou ilustração.

3. Disserte sobre: "Tudo o que é jurídico é moral, mas nem tudo o que é moral é jurídico".

Argumente:

- o campo da moral que não se confunde com o campo jurídico;
- a moral como mundo da conduta espontânea;
- a incompatibilidade entre moral e violência.

Recurso: oposição ou definição.

4. Disserte sobre: "O solo precisa ser encarado como uma coisa permanente; precisa ser olhado como uma herança que passa de pai para filho".

Argumente:

- o solo como reservatório de alimentos;

- o uso do solo e seus interesses;
- o solo e os agentes de erosão.

Recurso: ilustração ou comparação.

5. Disserte sobre: "As constituições não são leis estáticas; o que importa é ser a Constituição uma lei que configure o pensamento da nação".

Argumente:

- deputados e senadores exercendo atribuições constituintes;
- importância da convocação de uma Assembleia Nacional Constituinte;
- o Congresso diante da feitura de uma lei.

Recurso: oposição ou ilustração.

6. Disserte sobre: "Na época em que se esboçavam os fundamentos da futura independência do Brasil, sentia-se a necessidade de um reformador, capaz de desenvolver trabalho de proselitismo em torno de teses sujeitas à veemente oposição dos que sentiam a tessitura das relações comerciais, formada através de séculos, entrar em colapso, ameaçando posições monopólicas".

Argumente:

- as ideias de Smith – "A riqueza das nações" – e seu curso no Brasil;

- Smith e o sentido de liberdade;
- o pensamento de Smith e o monopólio colonial.

Recurso: testemunho ou ilustração.

7. Disserte sobre: "À primeira vista, confunde-se fato jurídico com ato jurídico; a verdade é que um não existirá sem o outro".

Argumente:

- a ação como asseguradora de direito;
- a relação de perecimento entre o direito e seu objeto;
- as pessoas relativamente e absolutamente incapazes diante de ato da vida civil.

Recurso: comparação ou oposição.

8. Disserte sobre: "A contabilidade tem como objetivo o estudo e o controle do patrimônio das entidades econômicas, a fim de fornecer informações sobre sua composição e suas variações qualitativas e quantitativas".

Argumente:

- o patrimônio como objeto da contabilidade;
- a contabilidade como linguagem da empresa; contabilidade e escrituração.

Recurso: comparação ou ilustração.

9. Disserte sobre: "As pessoas serão classificadas como melhores ou piores em virtude de suas posses e conforme o padrão de opulência que estiver em voga numa determinada sociedade".

Argumente:

- a autoridade dos ricos como estrutura real do poder;

- o Governo dos mais sábios em detrimento de outros;

- o fator econômico como dirigente e determinador dos demais aspectos da sociedade.

Recurso: oposição ou testemunho.

10. Disserte sobre: "O âmbito da matemática cresceu, a partir das escassas habilidades de cálculo do egípcio Ahmes e dos primeiros e tímidos teoremas da geometria dos gregos, até a ampla e completa rede de teoremas".

Argumente:

- a palavra-função na matemática;

- os valores admissíveis de função;

- a moral da matemática que impõe contradições.

Recurso: testemunho ou ilustração.

11. Disserte sobre: "O engenheiro, para ser um profissional competente, deve ter seus conhecimentos além das ciências físicas e da tecnologia, estendendo-se pelos campos da economia, da sociologia e da psicologia".

Argumente:

• capacidade do engenheiro de chegar a conclusões inteligentes;

• a dúvida sistemática em relação ao "como" e ao "porque";

• a importância da engenharia para a segurança nacional.

Recurso: ilustração ou comparação.

12. Disserte sobre: "A função do grupo de marketing de uma empresa está relacionada ao desempenho de certas atividades essenciais".

Argumente:

• a função de oferecer produto;

• a política de *merchandising* como subsistema de oferecimento;

• a função do administrador como administrador do futuro.

Recurso: ilustração ou analogia.

13. Disserte sobre: "Paulo Freire pensou que um método de educação construído em cima da ideia de um diálogo entre educador e educando não poderia começar com o educador trazendo pronto, do seu mundo, do seu saber, o seu método e o material da fala dele".

Argumente.

- a ação dialogal como prática usual;
- o universo vocabular como realidade social no imaginário do educando;
- aquele que estuda como sujeito do ato de estudar.

Recurso: comparação ou ilustração.

14. Disserte sobre: "Um computador é uma máquina extraordinariamente complexa que armazena sinais elétricos que representam números".

Argumente:

- o célebre chip de silício;
- por que os computadores são tão úteis?
- os robôs como substitutos dos trabalhadores.

Recurso: definição ou ilustração.

15. Disserte sobre: "Compete àquele que trabalha no campo do *design* a tarefa de desalojar da mente do seu semelhante todos os preconceitos sobre a arte e os artistas".

Argumente:

• valor psicológico do objeto projetado;

• o *design* e o *styling*;

• a naturalidade do *designer* e a natureza das coisas.

Recurso: ilustração ou analogia.

16. Disserte sobre: "O estudo das ideologias raciais no Brasil nos fornece oportunidades para analisar a dinâmica da mitologia social, pois os mitos sociais são constantemente criados e destruídos".

Argumente:

• o Brasil como uma democracia racial;

• os benefícios de brancos e negros com o mito;

• o candomblé e o samba no contexto dos preconceitos.

Recurso: oposição ou ilustração.

17. Disserte sobre: "Ao educar, já estamos nos apoiando em valores que pressupõem a nossa visão do mundo e a nossa visão da educação enquanto processo de formação humana".

Argumente:

• o ato educativo como interação (entre educador e educando) para realização de valores;

• a relação de *status* entre educador e educando;

• a imaginação e a criatividade do professor como forma de atingir objetivos sociais.

Recurso: comparação ou ilustração.

18. Disserte sobre: "O concurso do Plano de Brasília ofereceu aos arquitetos brasileiros a oportunidade para formular propostas realmente renovadoras para o planejamento urbano brasileiro e com amplitudes de vistas dos problemas de implantação de arquitetura urbana".

Argumente:

• os princípios da "planta-livre" x a orientação frente-fundo dos projetos;

• a construção de Brasília como experiência arquitetônica e urbanística deste século;

• a tendência à verticalização dos prédios de Brasília e ordenação de paisagem.

Recurso: ilustração ou comparação.

19. Disserte sobre: "Quanto mais profundamente os bibliotecários conhecerem todos os níveis e todas as possibilidades de leitura individual na comunidade, mais criteriosamente poderão exercer a seleção de livros, e o serviço bibliográfico poderá ser realizado de maneira mais eficiente".

Argumente:

• pessoas e livros, polos positivos e negativos, como fluxo de serviço bibliotecário;

• a biblioteca pública como parte integrante da atividade da comunidade;

• a seleção de livros como demanda e fornecimento.

Recurso: ilustração ou comparação.

20. Disserte sobre: "Os meios de comunicação social constituem, paradoxalmente, meios de elite e de massas".

Argumente:

• a sociedade ao alcance dos meios de comunicação;

• os meios de comunicação social como meios de elite;

• a imprensa como meio de comunicação de elite e de massa.

Recurso: ilustração ou comparação.

21. Disserte sobre: em *Língua portuguesa e realidade brasileira*, de Celso Cunha, declara-se: "Não existe o bem nem o mal, a correção nem a incorreção; o falar de cada um é tão legítimo e irrepreensível como o de qualquer suposta autoridade, e toda intromissão é daninha".

Argumente:

• o povo como possuidor de soberania em matéria de linguagem;

• as normas linguísticas como normas coercitivas;

• o vale-tudo na nova gramática de Cunha e Cintra e a reação dos gramáticos da velha guarda.

Recurso: ilustração ou oposição.

22. Disserte sobre: "A universidade brasileira ingressou, há alguns anos, num processo de progressivo e acelerado esvaziamento".

Argumente:

• as correntes democráticas e o fracasso no ensino superior;

• a política universitária voltada para o capital estrangeiro;

• rendimento escolar e elitização.

Recurso: testemunho ou ilustração.

Bibliografia auxiliar

BARRASS, Robert. *Os cientistas precisam escrever* – Guia de redação para cientistas, engenheiros e estudantes. S. Paulo: Edusp, 1979.

BECHARA, Evanildo. *Moderna gramática portuguesa*. S. Paulo: Cia. Ed. Nacional, 1980.

BLIKSTEIN, Izidoro. *Técnicas de comunicação escrita*. S. Paulo: Ática, 1985.

BROOKS – WARREN. *Modern Rhetoric*. Nova Iorque: Harcourt, 1961.

CAMARA JR., Joaquim Mattoso. *Manual de expressão oral e escrita*. Petrópolis: Vozes, 1977.

CARRAHER, David W. *Senso crítico*: do dia a dia às ciências humanas. S. Paulo: Pioneira, 1983.

CUNHA, Celso. *Gramática do português contemporâneo*. Rio de Janeiro: Padrão, 1980.

CUNHA, Celso & CINTRA, L.F. Lindley. *Nova gramática do português contemporâneo*. Rio de Janeiro: Nova Fronteira, 1985.

DIAS, Augusto Epiphanio da Silva. *Syntaxe histórica portuguesa*. Lisboa: Clássica, 1959.

ECO, Umberto. *Como se faz uma tese em ciências humanas*. Lisboa: Presença, 1982.

EHRLICH, Eugene. *The Art of Technical Writing*. Nova Iorque: Thomas & Crowell Company, 1964.

FAULSTICH, Enilde L. de J. Estruturas simbólicas específicas e redundância no discurso. *Letras & letras*. Uberlândia: Departamento de Letras da Universidade de Uberlândia, v. 1, n. 2:107-121, 1985.

_____ *Lexicologia*: a linguagem do noticiário policial. Brasília: Horizonte, 1980.

FOERSTER, Norman. *Writing and Thinking*. Cambridge: Massachusetts, 1952.

GARCIA, Othon M. *Comunicação em prosa moderna*. Rio de Janeiro: FGV, 1980.

ILARI, Rodolfo & GERALDI, João Wanderley. *Semântica*. S. Paulo: Ática, 1985.

KOCH, Ingedore G. Villaça. *Argumentação e linguagem*. S. Paulo: Cortez, 1984.

LÓPEZ, Maria Luisa. *Problemas y métodos en el análisis de preposiciones*. Madri: Gredos, 1970.

MORENO, Cláudio & GUEDES, Paulo Coimbra. *Curso básico de redação*. S. Paulo: Ática, 1979.

NEY, João Luiz. *Prontuário de redação oficial*. [s.l.]: Dasp, 1971.

PENTEADO, J. Roberto Whitaker. *A técnica da comunicação humana*. S. Paulo: Pioneira, 1980.

PERRIN, Porter G. *Writer's Guide an Index to English*. Chicago: Scott, Foresman an Company, 1959.

ROCCO, Maria Thereza Fraga. *Crise na linguagem*: a redação no vestibular. S. Paulo: Mestre Jou, 1981.

SALOMON, Délcio Vieira. *Como fazer uma monografia*. Belo Horizonte: Interlivros, 1978.

SALVADOR, Ângelo Domingos. *Métodos e técnicas de pesquisa bibliográfica*. Porto Alegre: Sulina, 1977.

SOARES, Magda Becker & CAMPOS, Edson Nascimento. *Técnica de redação*. Rio de Janeiro: Ao livro técnico, 1978.

SODRÉ, Muniz & FERRARI, Maria Helena. *Técnica de redação*: o texto nos meios de informação. Rio de Janeiro: Francisco Alves, 1977.

STARLING, José Nogueira; NASCIMENTO, Milton do & MOREIRA, Samuel. *Língua portuguesa*: teoria e prática. Belo Horizonte: Vigília, 1978.

VANOYE, Francis. *Usos da linguagem*: problemas e técnicas na produção oral e escrita. S. Paulo: Martins Fontes, 1979.

VIVALDI, Gonzalo Martin. *Curso de redacción*. Madri: Paraninfo [XV edição].

WALDECK, Sérgio & PAIVA, M. *Português/treinamento*. Brasília: Pró-cultura, 1986.

VOZES NAS
Letras e Literatura

EDITORA VOZES

Conecte-se conosco:

- facebook.com/editoravozes
- @editoravozes
- @editora_vozes
- youtube.com/editoravozes
- +55 24 2233-9033

www.vozes.com.br

Conheça nossas lojas:
www.livrariavozes.com.br

Belo Horizonte – Brasília – Campinas – Cuiabá – Curitiba
Fortaleza – Juiz de Fora – Petrópolis – Recife – São Paulo

EDITORA VOZES LTDA.
Rua Frei Luís, 100 – Centro – Cep 25689-900 – Petrópolis, RJ
Tel.: (24) 2233-9000 – E-mail: vendas@vozes.com.br